Leur progrès et le nôtre

François Ruffin

Leur progrès et le nôtre

De Prométhée à la 5G

ÉDITIONS DU SEUIL
57, rue Gaston-Tessier, Paris XIXe

ISBN 978-2-02-147770-2

www.seuil.com

« Science sans conscience n'est que ruine de l'âme. »

François Rabelais.

« Progrès dont on demande : “Où va-t-il ? que veut-il ?” Qui brise la jeunesse en fleur ! qui donne, en somme, Une âme à la machine et la retire à l'homme ! »

Victor Hugo, *Melancholia*

Avertissement

Ce livre est la version revue et très largement augmentée d'une conférence, donnée en août 2020, aux Universités de la France insoumise, et intitulée : « La 5G, le Progrès, Prométhée ».

Il repose largement sur mes lectures de l'été et de l'automne. Comme je ne les cite pas forcément au fil de l'ouvrage, que mes dettes bibliographiques à Diana Filippova, David Noble, Cédric Biaggini, Nicolas Bérard, Cédric Durand, Grégoire Chamayou, Yaël Benayoun et Irénée Régnauld soient reconnues ici.

Tous mes remerciements, surtout, à Pierre Vesperini, qui a retraduit pour moi les passages d'Hésiode, Eschyle et Platon, que j'ai un peu remixés à ma sauce, pour que ça sonne au mieux. Les imprécisions ne sont donc pas de son fait, mais du mien.

Enfin, je ne suis ni historien, ni philosophe, ni helléniste, spécialiste en aucune matière. Juste député et reporter, c'est-à-dire bon à rien et touche-à-tout.

PROLOGUE

Un discours

1.

« Par prudence, a prévenu le président, le cocktail qui était prévu à l'issue de la réunion ne se tiendra pas. »

Qu'importe, le virus ne gâcherait pas l'ambiance, ce lundi 14 septembre à l'Élysée : la salle des fêtes rouvrait, pour la première fois depuis le confinement du printemps. Et très brièvement, avant le re-confinement de l'automne.

Qui, dans cet intermède, Emmanuel Macron accueillait-il dans ses salons ? Les infirmiers, les agents hospitaliers, rudement mis à l'épreuve en « première ligne » ? Non, aucunement. Les auxiliaires de vie, alors, caissières, agents d'entretien, vigiles, livreurs, qui tinrent la « deuxième ligne » ? Pas davantage. C'est aux « acteurs du numérique » que le chef de l'État réservait les honneurs de son palais.

Ce sont eux qu'il remerciait vivement : « Vraiment merci à toute la communauté et à la French Tech, à Tech in France, à France Digitale, Syntec Numérique, à Bpifrance, Station F, l'ensemble des fonds de l'écosystème et tous ces acteurs. Je ne suis pas exhaustif mais, en quelques années, s'est structurée comme ça une espèce de carte du tendre, de la mobilisation, de l'engagement pour faire de la France une place qui crée, développe et est en train de transformer le monde. »

C'est leur « mobilisation », leur « engagement » à eux, qu'il saluait. Ces héros du numérique l'émouvaient tant que, malgré sa promesse, « je ne vais pas vous faire un grand discours », le président se laissait emporter par son enthousiasme, par son inspiration, pour les célébrer durant quarante-neuf minutes.

Au fil de son propos, il égrenait les cadeaux : « 3,7 milliards consacrés aux start-up », bien sûr au nom de la « souveraineté française »… « 2,3 milliards pour accélérer la transition numérique des entreprises, de l'État, des territoires »… « 500 millions pour garantir à tous un meilleur accès au numérique »… Et encore « 300 millions pour la formation aux métiers du numérique »… Au total, « 7 milliards d'euros », de quoi

« transformer notre écosystème de start-up et du numérique français ».

« Écosystème » : le mot revient 38 fois. Un « écosystème d'innovation », un « écosystème européen », un « écosystème de cybersécurité », sans compter les « financer notre écosystème », « renforcer notre écosystème », « stabiliser notre écosystème »...

J'ai ouvert *Le Petit Robert* : « Écosystème. Unité écologique de base formée par le milieu et les organismes animaux, végétaux, bactériens, qui y vivent. La montagne, la forêt, le désert sont des écosystèmes. "Chaque élément, dans un écosystème, a un rôle, une raison d'être... Rien n'est inutile, et tout est incroyablement fragile." F. Thilliez. »

Quel signe non ? quand même, j'ai pensé. Car notre écosystème, justement, s'effondre, dans les airs, dans les mers, sur terre, et même sous terre. En une génération, la sienne, la mienne, 30 % des oiseaux ont disparu, 80 % des insectes volants, 70 % des vertébrés, 90 % des lombrics. La planète tout entière s'avère « incroyablement fragile », mais quel « écosystème » obsède le président ? Le « technosystème », en vérité. Les machines. Les capitaux. Et le détournement de ce mot, « écosystème », son renversement, pour qu'il en vienne à signifier son contraire, la technique contre la nature, en dit long sur l'écrasement de l'une par l'autre : écrasement lexical, écrasement politique.

Et quel animal préoccupe le sommet de l'État ? Pas l'hirondelle, pas le hanneton, pas le scarabée, que ne verront pas, ou peu, nos enfants, non : c'est la « licorne » ! La licorne, la « Unicorn », qui est, dans la Silicon Valley, une start-up qui a réussi, qui a grandi, qui a dépassé le milliard de dollars. Le seul animal à protéger, à cocooner, est donc mythologique : « Tout le monde, assène le président, nous disait : "En Europe, vous n'êtes pas fichus d'avoir des licornes, en France non plus..." Les résultats, on en a. Donc, l'objectif de vingt-cinq licornes à atteindre demeure. On a su en créer treize. Il faut continuer à avancer. »

Il faut même continuer à « accélérer », car c'est là le maître mot. Tout, à peu près tout, doit « accélérer » : « accélérer les apprentissages », « accélérer la résilience », « accélérer les transitions », « accélérer l'investissement en capital », « accélérer les initiatives », « accélérer cette consolidation », « accélérer cette transformation », et plus précisément « accélérer la transformation en termes d'inclusivité », bref, « c'est tout l'écosystème qu'il faut accélérer »...

Avec cette prosopopée, l'ordre nous vient quasiment du Ciel : « L'après-Covid nous dit : on accélère tous. » Jusqu'à ce truisme, admirable : « Nous devons accélérer parce que vous avez besoin de vitesse. »

L'écrivain allemand Victor Klemperer avait étudié la novlangue du Troisième Reich, rebaptisée en latin *Lingua Tertii Imperii*. Et l'éditeur français Éric Hazan l'avait, au début des années 2000, réactualisée dans son bréviaire *LQR*, pour *Lingua Quintae Reipublicae*. Le temps me manque, malheureusement, pour rédiger un *LSN*, *Lingua Start-Upae Nationis*, où figurerait cette pépite : « Nous avons là un levier formidable d'accélération pour un monde plus inclusif, pour accélérer la transformation à laquelle on croit, mais aussi avoir un écosystème qui n'est pas seulement un écosystème qui crée de la valeur mais qui est porteur de sens. »

C'est un humain, *a priori*, qui produit ces phrases, et non un logiciel automatique. Puis, moins jargonnant, le président se fait plus concret : « Nous allons accélérer les objectifs 3G / 4G partout et un Internet mobile haut débit. Mais on doit aller plus loin, plus fort. Je pense que là on va l'accélérer et évidemment on va passer à la 5G. »

Nous y voilà :

« Je veux être très clair », et en effet il le devient : « La France c'est le pays des Lumières, c'est le pays de l'innovation et beaucoup des défis que nous avons sur tous les secteurs se relèveront par l'innovation. Et donc on va expliquer, débattre, lever les doutes, tordre le cou à toutes les fausses idées. Mais oui, la France va prendre le tournant de la 5G parce que c'est le tournant de l'innovation. Et j'entends beaucoup de voix qui s'élèvent pour nous expliquer qu'il faudrait relever la complexité des problèmes contemporains en revenant à la lampe à huile, mais je ne crois pas au modèle amish. Et je ne crois pas que le modèle amish permette de régler les défis de l'écologie contemporaine. Et donc on va continuer à équiper, innover. »

2.

Au lendemain de cette envolée, j'ai reçu un SMS d'Hugues Jallon, le patron des Éditions du Seuil : « Ma maison d'amish serait derrière vous pour un petit livre sur la 5G. Je suis sûr que ça marcherait. » L'un de ses éditeurs, Jean-Christophe Brochier, m'a préparé tout un dossier, et je l'en remercie, contenant des éléments destinés à « balayer les questions obligatoires », sur « les effets des ondes », « l'impact sanitaire », « la consommation d'énergie », etc.

Je crains de les décevoir, et de vous décevoir aussi. Parce que, en vérité, ces « questions obligatoires » ne m'intéressent guère. Et même la 5G, à peine, seulement comme un symptôme, comme un indice. Un indice de quoi ? De l'épuisement d'un monde, d'un modèle. Pour le dire vaguement, d'une perte de sens.

Le président nous demande, comme une obsession, d'« avancer », d'« accélérer », d'« aller de l'avant ». Mais vers où ? Vers quel horizon ?

« La France va prendre le *tournant* de la 5G », soit. D'accord. Pourquoi pas ? Mais si nous « tournons », alors, c'est dans quelle direction ? Vers quel but ? Ou bien nous tournons juste en rond ?

Car voilà l'image qui me hante, qui nous hante, il me semble : l'impression d'être comme des hamsters dans une roue, condamnés à tourner tourner tourner. On rêve d'échapper à cette cage, au lieu de quoi on nous dit qu'il nous faudrait tourner plus vite, encore plus vite, toujours plus vite...

C'est ce vide que je ressens. Le vide d'une politique, certes. Mais aussi le vide d'une époque, un vide intime. Aussi, ces pages ne seront pas, ou peu, une critique économique, écologique, démocratique, de cette technologie. Mais plutôt une protestation, disons, métaphysique : « Que m'est-il permis d'espérer ? » s'interrogeait Kant. Aujourd'hui, que nous est-il permis d'espérer ?

Nous avons espéré, depuis deux siècles, la Liberté, l'Égalité, la Fraternité, sans forcément les atteindre. Nous avons espéré, pour les plus ardents d'entre nous, le Grand Soir et les Lendemains qui chantent. Nous avons espéré, avec moins de majuscules, l'école pour tous, les vacances pour tous, les soins pour tous, la culture pour tous.

Que nous reste-t-il à espérer, avec eux, d'après eux ?

Le dernier iPhone et la 5G.

Voilà leur progrès.

Voilà de quelle misère ils habillent un ciel trop vide, un avenir stupide.

Allons-y pour les grands mots, c'est une révolte téléologique que je porte : « Étude des fins de l'humanité », comme l'indique le dictionnaire. Ou carrément, eschatologique : « Étude des fins dernières de l'humanité et du monde ».

C'est la fin, la finalité, que je veux replacer au centre. Car c'est cette fin, cette finalité, qui aujourd'hui disparaît.

La 5G, les start-up, les licornes, le numérique sont des moyens, et peut-être des moyens utiles. Mais pour quoi faire ? Au service de quelles fins ? Pour quelle humanité ? Pour quel supplément d'âme, de joie ?

Jamais ces fins ne sont énoncées, même pas abordées. Et pour cause : dans leur implicite, dans l'inconscient de nos dirigeants, ces moyens sont transformés en fins. La 5G, les start-up, les licornes, le numérique sont devenus des buts en soi. Et c'est là toute leur vacuité, toute la vacuité de leur « projeeeeeet ».

3.

« Je ne crois pas au modèle amish », tranche le président.

Nul hasard s'il recourt ici au religieux. Car lui « croit » beaucoup, il « croit » à un autre « modèle » : « Le modèle dans lequel nous croyons n'est pas quelque chose d'anecdotique qui soit simplement un secteur pour bobos urbains de certains quartiers mais embarque le pays, qui est ce à quoi on croit très profondément, la démonstration doit maintenant être faite – ce qui est déjà une réalité sur le territoire – que ces créations, ces consolidations, cette transformation par le numérique touche la France tout entière, tous les niveaux de compétences, tous les territoires métropolitains et ultramarins et qu'elle est porteuse des valeurs auxquelles nous croyons... Cet écosystème, tous les talents y croient et veulent y croire. »

C'est un Culte qui est voué à l'Innovation.

Quand le chef de l'État a-t-il reçu dans son palais des enseignants, et discouru 49 minutes sur l'Éducation ? Des avocats, pour 49 minutes sur la Justice ? Des agriculteurs, pour 49 minutes sur la Terre ? Des artisans du bâtiment, même, pour 49 minutes sur le Logement ?

Pour les champions du numérique, en revanche, il enchaîne les grand-messes. Aussitôt intronisé, il lâche au salon VivaTech sa prière : *I want France to be a start-up Nation* (15 juin 2017). Deux semaines plus tard, il accourt à la Station F de son ami Xavier Niel, avec son fameux « des gens qui réussissent et des gens qui ne sont rien » (29 juin 2017). Au château de Versailles, il inaugure « Choose France », pour une homélie en anglais devant les patrons de Google, Facebook et compagnie (22 janvier 2018). Au printemps, dans cette même salle des fêtes de l'Élysée, il initie « Tech for Good », avec Microsoft, Uber, Free, Orange, etc. (23 mai 2018). Le lendemain, retour à VivaTech, pour 38 minutes d'oraison (24 mai 2018), puis *bis repetita* à la Station F (9 octobre 2018, 1 h 13 de palabre). Il instruit une autre liturgie, le « Global Forum on Artificial Intelligence for Humanity » (29 octobre 2018). Il multiplie des rencontres à l'Élysée, avec les prophètes Tim Cook, le PDG d'Apple (22 octobre 2018), Mark Zuckerberg, le PDG de Facebook (10 mai 2019), Jack Dorsey, le PDG de Twitter (7 juin 2019), Jeff Bezos, le

PDG d'Amazon (28 février 2020), alors que reviennent les nouvelles éditions de Choose France (Versailles, 21 janvier 2019), de Tech for Good (Élysée, 15 mai 2019), de VivaTech (16 mai 2019), du Global Forum (30 octobre 2019). Et Emmanuel Macron prend, en plus, l'initiative d'une autre cérémonie, le Digital Day (Élysée, 17 septembre 2019). Le Covid a, en 2020, gelé ces célébrations, mais aucun doute, voilà notre Horizon : devenir la *start-up Nation*, le Peuple élu du numérique dont il serait le Moïse...

Des efforts, il en déploie, pour sa foi, pour nous sauver, et il ne les compte pas. D'où sa déception, sa colère en découvrant ces mots : « Instaurer un moratoire sur la mise en place de la 5G en attendant les résultats de l'évaluation de la 5G sur la santé et le climat. » Voilà la proposition adoptée, à 98 %, par la Convention citoyenne sur le climat ! Ces Français tirés au sort estiment même – je les cite – la 5G « sans réelle utilité » ! Comment osent-ils ? Et les maires Verts, derrière, les députés Insoumis, qui à leur tour appuient ce « moratoire », exigent une « évaluation »... Quel pays d'impies ! On comprend son accablement, son emportement.

D'où l'excommunication de ces mécréants, de ces hérétiques : des « amish », une secte qui déroge à la foi officielle, des partisans de « la lampe à huile »... D'où le rappel à la Loi, qu'il martèle : « La France va prendre le tournant de la 5G parce que c'est le tournant de l'Innovation. »

Inutile de discuter, ce dogme est irréfragable : puisque c'est l'Innovation, c'est bon.

4.

En réalité, nous sommes les modernes, et peut-être même les post-modernes. La modernité, c'est cette discussion qui devrait animer la Cité, cette démocratie qui pourrait faire le tri : quelles technologies jugeons-nous utiles, futiles ou nuisibles ? Mais ces questions ne seront pas tranchées ensemble : la 5G se fera parce qu'elle doit se faire, point barre, entre fatalité et impératif. Parce que le chef de l'État, avec les multinationales, avec le capital, en a déjà décidé, catégorique, dogmatique.

Et à l'inverse, lui et les siens sont, sinon les « amish », du moins les archaïques, avec leurs incantations à l'Innovation. Car quelle est leur pensée implicite ? « Toute avancée technique équivaut à un progrès humain. » Comme si cette équivalence, cette synonymie, cette relation de cause à effet, ne s'était pas rompue ! Comme si le monde n'avait pas bougé depuis Hiroshima et Fukushima, depuis Bhopal et AZF, depuis le *Torrey Canyon* et l'*Erika*, depuis le glyphosate et le réchauffement du climat...

Sous couvert de Lumières, le président impose en réalité un obscurantisme high-tech. Il a beau s'accoutrer de tout un attirail de Silicon Valley et de Digital Day, Emmanuel Macron et sa cour de « geeks » nous condamnent à un futurisme dépassé. Or cet avenir, nous n'en voulons plus, et ils le savent, et ils le sentent, alors ils s'accrochent, avec toute la puissance de leurs médias, de leurs milliards, de leurs ministères : « croissance, concurrence, compétition, mondialisation », ils s'efforcent de refermer notre horizon, d'obtenir notre résignation.

Se creuse un gouffre entre leurs aspirations et les nôtres : leurs rêves de « vaste réseau numérique neural », de « digitalisation » et de « capteurs » mis partout, leurs rêves nous apparaissent comme des cauchemars à la *Matrix*. Quand nous poursuivons, pour nos enfants, et pas seulement moi mais massivement je crois, un autre idéal, avec des visions tellement plus banales : des abeilles et des coquelicots, une eau buvable et un air respirable...

Le choc est tel, entre ces deux visions, qu'il leur faut passer en force. Contourner la démocratie. Piétiner nos envies.

Car tel est, indique le président, notre « destin prométhéen ».

Mais justement.

À quel moment de notre histoire surgit ce débat, ou plutôt ce non-débat, ce débat occulté, sur la 5G ? En un temps où Prométhée est fatigué, usé. Et même accusé.

Voilà, la modernité que nous vivons. Dont nous tenons compte, que nous faisons nôtre. Quand le chef de l'État se voudrait encore, lui, à l'ère du Prométhée conquérant.

Et pourtant, il nous faut le reprendre, le flambeau de Prométhée, mais autrement. C'est là l'objet de ce livre : à nous de réinventer le Progrès.

LEUR PROGRÈS...

Prométhée conquérant

5.

« Zeus, raconte Hésiode, ne donna plus le feu infatigable aux hommes qui vivent et meurent sur la terre. Mais Prométhée le trompa : il déroba un étincelant rayon de ce feu et le cacha au creux d'un roseau. Morsure au cœur de Zeus, qui tonne dans les cieux ! La lueur de la flamme, on l'aperçoit de loin, et lorsque Zeus la vit parmi les hommes, il en conçut une nouvelle colère. »

On connaît le mythe, à peu près : Prométhée, c'est le Titan qui vole aux dieux le feu de l'Olympe, pour le donner aux hommes. Zeus l'a puni pour ça, et même rudement : attaché à un rocher du Caucase, un aigle vient dévorer son foie le jour, qui repousse la nuit...

Depuis, Prométhée, c'est le symbole du Progrès. C'est la figure rebelle des Lumières, contre l'obscurité. De la technique audacieuse, qui maîtrise la Nature, qui domine la fatalité. Des savants, qui avancent sans crainte dans la connaissance. Prométhée, c'est Descartes, c'est Pasteur, c'est Pierre et Marie Curie, ce sont les grands chercheurs. Prométhée, c'est l'aspirine, la machine à vapeur, l'électricité. Prométhée, c'est Jules Verne, demain la Lune, et l'aviation, et les fonds marins. Prométhée, c'est la révolution industrielle, la première, la deuxième, la troisième, du charbon à la cybernétique.

Depuis deux siècles, nous vivons sous l'aile, sous la tutelle, d'un Prométhée conquérant. D'un Prométhée conquérant politique, aussi, car ce Progrès ne s'est pas imposé tout seul…

6.

Cette lutte, Karl Marx la retrace longuement dans *Le Capital* :

« Au XVIIe siècle, dans presque toute l'Europe, des soulèvements ouvriers éclatèrent contre une machine à tisser des rubans et des galons. Elle fut inventée en Allemagne. L'abbé italien Lancelotti raconte dans un livre : "Une machine très ingénieuse exécutait quatre à six tissus à la fois. Mais le magistrat, craignant que cette invention ne convertît nombre d'ouvriers en mendiants, la supprima et fit étouffer ou noyer l'inventeur." En 1629, cette même machine fut pour la première fois employée à Leyde où les émeutes des passementiers forcèrent les magistrats de la proscrire. Après avoir lancé contre ce métier à tisser des ordonnances plus ou moins prohibitives en 1632, 1639, etc., les États généraux de la Hollande en permirent enfin l'emploi, sous certaines conditions, par l'ordonnance du 15 décembre 1661.

« Son introduction en Angleterre y provoqua des troubles parmi les tisserands. À Hambourg, il fut brûlé publiquement par ordre du magistrat. Cette machine qui ébranla l'Europe fut le précurseur des machines à filer et à tisser. Vers la fin du premier tiers du XVIIe siècle, une scierie à vent, établie par un Hollandais dans le voisinage de Londres, fut détruite par le peuple. Au commencement du XVIIIe siècle, les scieries à eau ne triomphèrent que difficilement de la résistance populaire soutenue par le Parlement. Lorsque Everet, en 1758, construisit la première machine à eau pour tondre la laine, cent mille hommes mis par elle hors de travail la réduisirent en cendres. Cinquante mille ouvriers gagnant leur vie par le cardage de la laine accablèrent le Parlement de pétitions contre les machines à carder et les *scribblings mills*, inventés par Arkwright. Jusqu'à la destruction de nombreuses machines dans les districts manufacturiers anglais pendant les quinze premières années du XIXe siècle, connue sous le nom du mouvement des Luddites. »

Marx conseille, certes : « Il faut du temps et de l'expérience avant que les ouvriers, ayant appris à distinguer entre la machine et son emploi capitaliste, dirigent leurs attaques non contre le moyen matériel de production, mais contre son mode social d'exploitation », et c'est ce passage qui est partout cité. Mais il n'empêche : la machine est bel et bien, au présent, très concrètement, entre les mains du capital. Et lui-même l'admet : « C'est comme puissance ennemie de l'ouvrier que le capital l'emploie... » Ici et maintenant, elle fait des dégâts : « La marche conquérante de la machine afflige de la misère les rangs des ouvriers... elle fait des ravages terribles... L'histoire ne présente pas de spectacle plus attristant que celui de la décadence des tisserands anglais... » Ce malheur s'étend à toutes, et tous, jusqu'aux petits : « Quand le capital s'empara de la machine, son cri fut : du travail de femmes, du travail d'enfants ! Ce moyen puissant de diminuer les labeurs de l'homme se changea aussitôt en moyen d'augmenter le nombre des salariés ; il courba tous les membres de la famille, sans distinction d'âge et de sexe, sous le bâton du capital. »

Peu importe alors que, « pour consoler les ouvriers tombés dans la misère, on les assure que leurs souffrances ne sont que des "inconvénients temporaires" ». Peu importe la « Théorie de la compensation » dispensée par « une phalange d'économistes bourgeois » : « Les souffrances des ouvriers mis hors d'emploi par la machine sont donc passagères comme les biens de cette terre, ironise-t-il, quelle médaille n'a pas son revers ! » La seule « compensation » qu'il constate pour ces femmes et ces hommes chassés des ateliers, c'est l'explosion des « esclaves domestiques modernes », une « classe composée de laquais, cochers, cuisinières, bonnes, etc. Voilà le magnifique résultat de l'exploitation capitaliste des machines ! ».

L'auteur du *Manifeste* donne-t-il tort aux résistants ? Pas tant que ça, non.

Pas plus que David Ricardo qui, dans ses *Principes*, en 1821 affirmait : « L'opinion des classes ouvrières sur les machines qu'elles croient fatales à leurs intérêts ne repose pas sur l'erreur et les préjugés mais sur les principes les plus fermes, les plus nets de l'économie politique. »

Et John Stuart Mill, en 1848, ne les désapprouvait pas davantage : « Il est douteux que toutes les inventions mécaniques faites jusqu'à ce jour aient diminué la fatigue quotidienne d'un seul être humain. » Elles ont plutôt « permis à un plus grand nombre d'hommes de mener la même vie de réclusion et de travaux pénibles et à un plus grand nombre de manufacturiers et autres de faire de grandes fortunes ».

7.

En France aussi, ces bris de machines ont sévi. Dans les cahiers de doléances, à l'aube de la Révolution française, les « carabots » de Rouen dénoncent « les mécaniques de coton » qui « plongent le peuple dans la plus affreuse misère ». Avant de passer, durant l'été 1789, de la parole aux actes : des émeutes éclatent, et le 14 juillet, c'est une filature de velours qui est envahie, avec trente machines réduites en poussières, la corderie saccagée. Le 20 juillet, c'est le tour de l'atelier de charité, rue des Augustins. La nuit du 4 août, la machine à filer de la rue de Martainville. En septembre, une machine à filer rue de l'Énée. En octobre, vingt machines chez un fabricant de toiles…

Au début du XIXe siècle, les tisserands, les tondeurs de draps, se soulèvent contre les mécaniques « tueuses de bras ». En 1819, à Vienne (Isère), les ouvriers dénoncent d'avance « la grande tondeuse », qui offre le « pernicieux moyen de tondre, lustrer et brosser mille aunes de draps par douze heures, étant conduite par quatre hommes seulement ». Lorsque la machine arrive, la population s'assemble, s'en empare, la brise avant de jeter les débris dans la rivière. Les plaintes frappent de nombreux métiers : les bonnetiers de l'Aube, les scieurs de long, les ouvriers agricoles – qui souvent se soulèvent contre les batteuses mécaniques.

En 1848, lors de la Révolution, l'épidémie est redoutée. À Lyon, les ouvriers ont brisé des métiers de barre qui, disent-ils, leur « coupaient les bras ». À Paris, les coupeuses de poils de lapins menacent elles aussi. Des usines textiles sont incendiées. Et les imprimeurs typographes entrent dans la danse, se rendent en cortège dans les imprimeries – et détruisent, en une seule journée, le 26 février, pas moins de quarante-neuf presses mécaniques !

Cette résistance populaire était, jusqu'alors, instinctive, spontanée. Mais qu'elle s'ancre dans les esprits, qu'elle s'organise dans le mouvement ouvrier naissant, bientôt puissant, et les désagréments se mueraient en catastrophe. Ce spectre, il faut le conjurer.

8.

C'est alors qu'est inventée, non pas l'idée du Progrès, mais son idéologie, et qu'elle est distillée dans la société. Avec tout l'appareil d'État qui s'y colle, sous le Second Empire, puis la Troisième République : les inventeurs sont sacralisés, Pasteur en nouveau saint. Les expositions universelles en sont les pèlerinages : 5 millions de visiteurs à Paris, en 1855, 15 millions en 1867, 32 millions en 1889 ! La presse scientifique répand la bonne parole, vulgarise dans les campagnes. À l'école, les élèves récitent ce catéchisme laïc, de Gutenberg à la fée électricité.

Le grand public est dompté.

Le mouvement ouvrier, lui aussi, le courant socialiste, adopte ce Progrès : « Qu'il n'y ait pas de malentendu, énonce Jean Jaurès. Je ne voudrais pas que la constatation que nous faisons pût apparaître comme une condamnation de la machine. Nous ne condamnons pas le progrès technique. Les paysans socialistes savent que la machine elle-même sera une force libératrice lorsqu'elle aura été délivrée du joug du capital et de la grande propriété terrienne » (1897).

Les machines sont vues, désormais, comme des outils d'émancipation, sinon pour aujourd'hui, du moins pour demain. Chez Jack London, dans *Le Talon de fer* (1908), le credo socialiste se confond avec une ode au machinisme : « Au lieu de détruire ces merveilleuses machines, prenons-en la direction. Profitons de leur bon rendement et de leur bon marché. Évinçons leurs propriétaires actuels et faisons-les marcher nous-mêmes. Cela, messieurs, c'est le socialisme. » Cette confiance dans la machine, dans la technique, dans la grande industrie, l'URSS ne la démentira pas, pour le meilleur (l'électricité, finalement sans les Soviets, apportée jusqu'en Oural) et pour le pire (l'humanité et la nature exploitées, là-bas comme ailleurs).

Quant aux syndicats, ils luttent pour les salaires, pour les horaires, mais non plus contre les machines. Avec une part de tactique, sans doute : on accepte le cadre du capitalisme, du productivisme, de l'industrialisme, pour remporter des victoires à l'intérieur. Sans faire la guerre au système lui-même. Sans, surtout, et c'est pour moi plus grave, se faire les porte-voix des ouvriers, des « manœuvres spécialisés, complètement asservis à la machine », comme l'écrit Simone Weil (1933), et devenant des machines eux-mêmes, minutés, taylorisés, tel le Charlot des *Temps modernes* (1936), pris dans les gigantesques rouages de l'usine... Leur sentiment, à eux qui sont en première ligne, leur ressentiment, leur écrasement de l'âme, leur souffrance, leur expérience, deviennent illégitimes. Interdits, au sens littéral, « empêchés de dire », sans expression, sans voix dehors. Leur sacrifice, le sacrifice de leurs journées, de leurs semaines, de leur existence, est à accepter au nom du Progrès. Protester se révélerait rétrograde, quasiment.

La critique de la technique se réduit, alors, à des intellectuels. À Antoine de Saint-Exupéry : « Ne comprenez-vous pas que quelque part nous avons fait fausse route ? La termitière humaine est plus riche qu'auparavant, nous disposons de plus de biens et de loisirs, et, cependant, quelque chose d'essentiel nous manque que nous savons mal définir. » À Georges Bernanos : « Imbéciles, ne voyez-vous pas que la civilisation des machines exige de vous une discipline chaque jour plus stricte ? Elle l'exige au nom du Progrès, c'est-à-dire au nom d'une conception nouvelle de la vie, imposée aux esprits par son énorme machinerie de propagande et de publicité. Imbéciles ! Comprenez donc que la civilisation des machines est elle-même une machine, dont tous les mouvements doivent être de plus en plus parfaitement synchronisés. » À Jean Giono, à Jacques Ellul, à des hommes de talent, mais coupés des travailleurs, sans appui dans les masses, inoffensifs.

9.

La guerre fut un déluge de feu et d'acier, et elle se termine en beauté : « Une révolution scientifique », titre *Le Monde* à sa Une, le 8 août 1945 : « Les Américains lancent leur première bombe atomique sur le Japon. »

Et l'après-guerre, c'est le règne sans conteste de Prométhée, tout devint « prométhéen », au sens de « titanesque : colossal – gigantesque du point de vue sa taille et de ses formes ».

Prométhéenne, l'énergie nucléaire : grâce à notre génie, de l'infiniment petit jaillit l'infiniment puissant.

Prométhéenne, l'agriculture, mécanisée, chimisée, étendue, les haies rasées, la nature maîtrisée, et grâce à notre génie, les rendements qui explosent, la souveraineté alimentaire retrouvée.

Prométhéenne, l'industrie, bien sûr, on produit de jour comme de nuit, les 3x8 pour offrir des voitures, des lavabos, des lave-linge, etc. à chacun, le confort pour tous.

Prométhéen, aussi, le commerce, de la petite boutique, du traditionnel marché, on passe au supermarché, à l'hyper, une ville de marchandises, des rayons entiers, des marques par milliers, l'abondance comme jamais.

Tout va de soi, sans l'ombre d'un doute :

« Rien n'est mauvais dans le progrès, tranche Georges Pompidou, alors Premier ministre. Il faut donc accepter l'idée, il faut admettre que nos exploitations doivent devenir modernes, c'est-à-dire plus vastes, mieux remembrées, que les méthodes de production, de transformation, doivent être elles-mêmes complètement rénovées et suivre les progrès de la technique. »

Le béton coule à flots, des autoroutes aux viaducs, des parkings aux aéroports :

« Orly, qui hante aujourd'hui les terrassiers et les maçons, sera la plaque tournante des échanges aériens Europe-Amérique. Orly sera une véritable cité de l'air sous laquelle passera dans un tunnel de 800 mètres la route de Fontainebleau. »

Le gigantisme est célébré :

« Pour capter cette énergie hydraulique, la France élève de gigantesques barrages. 58 barrages au total, l'entreprise la plus colossale de notre histoire. Pour dompter le Rhône et l'enfermer, lui et ses affluents, dans des cages de béton et d'acier. »

« À l'école, quand j'étais petit, se souvient mon père, on nous distribuait des images, des journaux, avec ces ouvrages en béton immenses. Celui de Donzère-Mondragon, par exemple... On adorait. »

10.

Aujourd'hui, cette épopée est relue en tragédie.

Un film témoigne, pour moi, de ce glissement des mentalités : *La Folie des hommes*. Sorti en 2001, avec Michel Serrault, Daniel Auteuil, Laura Morante, le réalisateur Renzo Martinelli revient sur un drame survenu quarante ans plus tôt, en 1959.

« Ce barrage que nous sommes en train de construire sera le plus haut du monde. On va leur montrer de quoi nous sommes capables, nous, les Italiens ! » C'est la scène qui ouvre le récit : l'ingénieur Carlo Semenza, *alias* Michel Serrault, survole en hélicoptère la vallée de la Vajont, où se bâtit le plus grand barrage du monde, « un travail de titan ». Il s'adresse à ses ouvriers, tel un Napoléon du béton : « Plus tard, vous pourrez raconter cette grande aventure à vos enfants et vous aurez la fierté de dire : "J'y étais !" » Les chefs du chantier sont appelés « Monsieur l'Ingénieur », avec respect, presque vénérés. C'étaient les héros, sans conteste, qui reconstruisaient l'Europe, qui apportaient le progrès. Malgré un prix à payer : des villages doivent être inondés, évacués, et les habitants entassent leur matelas, leurs souvenirs, à la va-vite sur des charrettes.

Face à ces hommes, une femme proteste : Tina Merlin, journaliste pour l'*Unita*, entourée d'autres femmes. Elle s'inquiète de la montagne friable, elle retrouve des études géologiques, elle organise les réfractaires. Mais les villageois sont divisés : « J'en ai rien à foutre de ton comité de sauvegarde ! lui jette un jeune, employé sur le site. C'est le progrès qui est en train de naître ici ! » Un contremaître la semonce : « Vous ne voulez pas du barrage ? Pas d'électricité ? Pas de télévision ? Pas de chauffage en hiver ? » Elle essuie les plaintes en justice de la firme, la SADE, pour « diffusion de fausses nouvelles ». Et elle se défend : « Ils m'accusent d'être contre le progrès. Je ne suis pas contre le progrès, mais contre ces misérables qui, au nom du progrès, se remplissent les poches avec l'argent des pauvres gens. » C'est l'héroïne du film, l'héroïne du présent.

D'autant que la suite lui donne raison : le 9 octobre 1963, à 20 h 39, un versant du mont Toc s'écroule, l'eau du bassin emporte alors le barrage comme un fétu de paille, et une vague gigantesque pulvérise les communes de Longarone, Pirago, Villanova, avec près de deux mille victimes...

L'instruction démontrera que ce terrible accident était prévisible, presque prévu. Mais les ingénieurs sont décédés avant le procès, ou ils ont fui. Seul le responsable des travaux, Mario Pancini, reconnaît sa responsabilité, celle des cadres de la SADE : « Le problème des techniciens, écrit-il, c'est qu'ils font trop confiance à la technique. Un petit doute leur ferait du bien. Un doute philosophique. Un doute moral. » Rongé par ce désastre, il se suicide la veille du procès.

Qu'à l'orée du XXIe siècle, un cinéaste revienne, pour un film à succès, sur cette page d'histoire, négligée, oubliée, c'est un marqueur de notre temps.

Le génie des hommes est requalifié en « folie ».

Et tandis qu'ingénieurs et architectes deviennent les méchants, aveuglés par leur orgueil et la soif de l'argent, c'est à Tina, à la plus critique de la technique, à cette lanceuse d'alerte avant l'heure, que le spectateur s'identifie (et moi aussi).

Cette œuvre dit cela de nous, de notre époque : l'hyper-technologie comme espérance, faite de gigantisme et de machines, le « plus loin plus vite plus fort », toujours et encore, c'est mort.

Et même, pour beaucoup, c'est la mort.

Tout a basculé.

11.

« La superficie de la banquise atteint un minimum historique. » L'article vient de tomber sur mon fil Telegram. Faut-il le détailler ? « La situation, qui empire chaque année, ne surprend pas vraiment les climatologues, tant la tendance est nette et le rythme de plus en plus soutenu. Les quatorze dernières années ont été, sans exception, les pires années enregistrées... »

« Katrina, Harvey, Irma... Les ouragans deviennent, au XXIe siècle, de plus en plus violents. » J'allume la radio et, sur France Inter, une chercheuse m'annonce qu'on vient de « battre un nouveau record, avec 29 ouragans cette année, et la saison n'est pas finie. On doit maintenant prendre des lettres grecques pour les nommer ».

« Urgence sur la disparition des vertébrés. » Une coupure de journal traîne sur mon bureau. « Les populations d'oiseaux, de poissons, de mammifères, d'amphibiens et de reptiles ont reculé de 68 % depuis 1970. » Et de lister les causes : « L'extension des surfaces agricoles ou construites... La surexploitation des forêts et des océans... À cela s'ajoute la pollution des écosystèmes... l'intensification des échanges... sans compter les effets du réchauffement climatique. »

C'est notre bain quotidien, ces doses d'apocalypse.

Avec quoi, toujours, derrière ces catastrophes en cours ? La main de l'Homme. Notre toute-puissance qui nous revient comme un boomerang...

La faute à Prométhée ! De Hiroshima à Fukushima, son feu nucléaire se retourne contre le vivant, contre les habitants. Le pétrole, ce combustible magique, ces esclaves énergétiques à domicile, c'est désormais le climat déréglé, la planète en danger. La chimie devient Monsanto, et l'on aspire à l'agriculture bio.

Voilà l'air de notre temps.

Et jusqu'à la crise du Covid, peut-être causée, comme le révèle *Le Monde*, par un « Frankenvirus » : « Ces expériences de "gain de fonction" consistent à forcer l'évolution d'un virus en répétant des infections sur des animaux de laboratoire, ou des cultures cellulaires. Leur objectif est de mieux comprendre la nature des modifications moléculaires qui augmentent la transmissibilité, la pathogénicité des virus, voire leur faculté à franchir la barrière d'espèces. L'intérêt est réel, mais les risques aussi. De tels travaux ont été au centre d'un intense débat au sein de la communauté scientifique au début des années 2010. Ils ont fait l'objet d'un moratoire entre 2014 et 2017, après la publication de travaux controversés sur des virus grippaux à potentiel pandémique. L'erreur de manipulation et la sortie d'un agent pathogène de l'enceinte du labo ne sont pas seulement des scénarios de science-fiction, rappelle Étienne Decroly. "Dans les mois et les années qui ont suivi l'épidémie due au SARS-CoV, le virus est sorti à quatre reprises de différents laboratoires où il était étudié, explique le chercheur. À chaque fois, la chaîne de contamination a pu être interrompue, mais ce virus était plus aisément contrôlable." »

Des esprits, bien avant nous, ont alerté, s'en sont inquiétés.

« Le Prométhée moderne » : Mary Shelley sous-titrait ainsi son roman *Frankenstein* (1818), cet inventeur fou, dépassé par sa propre créature. Dans l'après-guerre, Albert Einstein déclarait :

« Le progrès technique est comme une hache qu'on aurait mise dans les mains d'un psychopathe. » Dans *Violence et passion* (1974) de Visconti, Burt Lancaster incarne un vieux scientifique, en retraite, ou plutôt en retrait : « J'étais docteur en sciences. J'avais peur quand j'ai abandonné ma profession, peur de ne pas savoir recommencer ma vie à zéro. Mais le prix du progrès est la destruction. La science a transformé une technologie libératrice en une sorte d'esclavage. »

Eux restaient des voix isolées.

Mai 68 leur a donné comme un écho : contre la société de consommation, contre le nucléaire par pacifisme, contre un travail taylorisé, puis contre les marées noires... Les protestataires formulaient, par des biais divers, une critique du Progrès.

La différence, maintenant, c'est que ce sentiment n'est plus limité aux contestataires. Il s'est répandu, popularisé, démocratisé, comme une évidence dans nos consciences : les « avancées techniques » ne sont plus synonymes, plus automatiquement, de « progrès humain ». Très profondément, très intimement, le lien entre les deux s'est cassé.

12.

Un adjectif marque, pour moi, cette cassure : « inutile ».

Qu'étaient les « grands projets », auparavant, les tunnels, les aéroports, les ponts ? C'était la marque de notre génie, on les affichait comme une fierté. Mais voilà qu'aujourd'hui, aussitôt prononcé « grand projet », on ajoute « inutile ». L'épithète revient comme un leitmotiv : « grand projet inutile ». Des combats se livrent, avec des mots et avec des cabanes, avec des manifs et avec des arbres replantés, de Notre-Dame-des-Landes à Europa-City, de Roybon à la Ferme des mille vaches, de la Ligne à Grande Vitesse Lyon-Turin au Grand Contournement Ouest en Alsace…

« La semaine dernière, j'ai encore cueilli des mirabelles, ici, et le samedi nous avons vendu ces fruits sur le marché de Strasbourg. » C'est Philippe, un agriculteur, qui me racontait ça sur une colline de Kolbsheim, en Alsace. Mais, derrière lui, on ne voyait plus de mirabelliers, ni de cerisiers, ni de pruniers. Juste des arbres coupés, des souches arrachées. Ces bois accueillaient des oiseaux. Le pic cendré, une espèce menacée. Ou encore l'alouette des champs, en chute libre. Mais en nous taisant, chut, nous n'entendions aucun chant. Seulement le bruit de la tronçonneuse, le grondement des pelleteuses. Sur ces terres coulera du béton, bientôt. Une autoroute, une de plus, où passeront les camions. Aux habitants, à la pasteure, qui s'opposaient à ce chantier, l'État-Vinci a envoyé les policiers, des grenades, des hélicoptères. De colère, de rage, d'impuissance, le maire de la commune en a brûlé son écharpe tricolore.

Partout dans le pays se déroulent des batailles, plus modestes, moins connues : chez moi, à Longueau, les habitants ont repoussé une décharge de bitume d'Eurovia-Vinci. De passage près de Rouen, la semaine dernière, sur la route des vacances, je découvre cette Une de *Paris-Normandie* : « Le projet du Madrillet gelé. Le maire décide d'un moratoire », avec une photo de barnums dressés entre les arbres, de militants assis autour d'une banderole : « Ici s'arrête la déforestation ». Et en ce dimanche, tandis que j'écris au loin, les Fakiriens de mon coin se rendent à un rassemblement, à Berck-sur-Mer, contre le « projet Tropicalia », « la plus grande serre tropicale du monde », sur la Côte d'Opale, « un dôme transparent de 20 000 m², plus de 30 mètres de haut, surchauffé, abritant papillons, colibris, poissons, reptiles, forêt d'arbres exotiques »...

Ces « grands projets » étaient le symbole, triomphant, du prométhéisme. Dès lors, les luttes qui s'y déroulent sont elles aussi symboliques : pas seulement, concrètement, pour ou contre ces hectares de ciment. Mais également, interrogeant toute la société : quel est notre « projet » ? Doit-il être « grand » ? Doit-il poursuivre l'idéal prométhéen ?

Le Prométhée libérateur se mue en un autre mythe, moins enthousiasmant, plus inquiétant : celui d'Érysichthon, un roi grec. En Thessalie, les paysans avaient consacré une forêt à Déméter, la déesse des moissons, avec, au milieu, un chêne magnifique. Les nymphes, les dryades dansaient à l'ombre de ses branches. Érysichthon a vu ça, il s'est dit : « Ah, ce bois-là, j'en ferais bien du plancher pour mon palais. » Il a distribué des haches à ses serfs, qui renâclaient. Déméter, en personne, est intervenue : « Ne faites pas ça ! » Les serfs ont pris peur, ils ont voulu fuir. Érysichthon a alors tranché la tête d'un paysan, et il a abattu lui-même le grand chêne, malgré le sang qui coulait comme de la sève, malgré la voix qui en sortait, qui promettait un châtiment. Déméter s'est alors vengée. À Érysichthon, elle a envoyé la Faim, la Faim est entrée dans son corps, la Faim a hanté son cerveau, la Faim, la Faim, la Faim, comme une obsession, une Faim que plus rien ne pouvait apaiser. Il a vidé son garde-manger. Il a avalé ses troupeaux, dévoré ses chevaux, revendu son château, mais il mourait de Faim, toujours et encore. Il a marchandé sa fille, aussi, l'a prostituée, elle s'est échappée, mais elle est revenue auprès de son père. Lui l'a bradée à nouveau, sur le marché aux esclaves. Ce roi déchu, on l'a retrouvé, dans la rue, faisant l'aumône, ruiné, mendiant pour quelques aliments. Mais la Faim, la Faim, la Faim, le brûlait encore. Jusqu'à, raconte le poète Ovide, se dévorer lui-même :

> Il déchira lui-même ses propres membres.
> Il se mit à les arracher en se mordant.
> Et le malheureux se nourrit de son corps en le mutilant.

C'est le plus écolo des mythes, sans doute, à la fois millénaire et moderne.

Les mirabelliers de Philippe, à Kolbsheim, c'est le grand chêne de Déméter hier. Les gens du coin se rassemblent autour, comme jadis les serfs : « Non, non ! Ce n'est plus de ça que nous voulons ! » Face à eux, ils ont tous les Érysichthon modernes, tous les Érysichthon en costume, tous les Érysichthon à millions, les Érysichthon de Vinci, les Érysichthon préfets, les Érysichthon de l'Élysée. Et avec eux, c'est notre pays qui s'auto-dévore, Érysichthon géant. Le Capital est devenu ça : un Érysichthon mondial, camé, dopé, insatiable, qui est saisi de folie, de l'Amazonie à l'Indonésie, qui dévore ses deux, trois, quatre planètes...

13.

Nous vivons ce temps d'incertitude, « la fin d'une magie », comme l'énonce le philosophe Dominique Bourg :

DOMINIQUE BOURG : Les gens, et en particulier nos gouvernants, vivent avec à l'esprit la nostalgie des Trente Glorieuses. C'est une époque où le progrès technique a coïncidé avec la croissance du PIB, avec le plein-emploi, avec une réduction des inégalités, avec une amélioration du bien-être pour tout le monde : le frigo, l'électroménager, la salle de bains, les toilettes dans l'appartement, le chauffage central... Tout cela a rempli, pour les familles, des besoins absolus : se nourrir, se vêtir, se chauffer, se laver... De réelles améliorations, mais qui ne peuvent se produire qu'une seule fois : un deuxième frigo, même connecté, ne produira plus le même supplément de confort... L'accumulation de biens indifférenciés ne suffit plus.

On sort de la société de consommation. Ce n'est pas rien. La consommation avait (j'en parle au passé) une fonction spirituelle, elle donnait un sens à notre existence, et à l'histoire, à la société.

À travers la consommation, on se réalisait. Cette magie jouait à plein dans l'après-guerre, mais elle s'est assez vite effritée. Dès les années 1970, apparaît une contestation de ce culte. Et aujourd'hui, dans nos pays, ça ne marche plus : lors des *focus groups*, lorsqu'on invite des gens lambda pour discuter d'un nouveau produit, toute fascination a disparu. J'ai rencontré des professionnels de ces analyses marketing, qui m'en ont témoigné : « La magie, c'est fini. Complètement fini. »

FRANÇOIS RUFFIN : Et comme la magie est morte, le système jette toutes ses forces pour que l'idéologie survive ? Avec des écrans publicitaires partout ? Des chaînes de télé gorgées de pubs ? C'est un monde qui tient à bout de bras ?

D.B. : On met un fric monstre pour continuer à vendre n'importe quoi. Sinon, si toutes les conneries ne se vendent plus, le système est foutu.

Lui y voit « un choc entre deux paradigmes », un premier, qui remonte à la Renaissance :

D.B. : Que se passe-t-il à la fin du XVIe ? La conception de la nature va être chamboulée par les élites savantes européennes, les Copernic, Galilée, Bacon, Descartes, Newton, etc. Avec leurs découvertes scientifiques, on va considérer que le monde, la Nature, n'est qu'un agrégat de particules purement matérielles. C'était un changement énorme. Et que ces particules sont reliées entre elles, pensait-on, par une seule loi, tout d'abord celle du mouvement selon Galilée, puis la gravitation universelle de Newton. Toute la nature devient donc mécanique. Jusqu'aux animaux-machines de Descartes.

L'impact des idées, leur diffusion, leur influence, c'est très lent. Mais les traités de zootechnie, qui sont publiés au XIXe siècle, c'est le fruit de ce paradigme. L'élevage industriel d'aujourd'hui, les vaches à hublots, c'est le résultat de ça. Ça, c'est l'histoire profonde des idées.

Et l'homme, dans tout ça ? Eh bien, lui, nous, il allait de soi que nous n'étions pas que mécaniques. Les hommes ont une intériorité, ils sont capables de penser, de promettre, ils se projettent dans le temps, etc. Les êtres humains se retrouvent seuls à penser dans cet univers homogène, mécanique. Donc, il en a découlé que l'humanité était étrangère à la nature. Et comme par hasard, en ce XVIIe siècle fort mystique, cette idée purement scientifique venait recouvrer un vieux fonds biblique, en tout cas la manière dont on interprétait la Genèse : « Vous êtes les seuls à avoir été créés à l'image et à la ressemblance de Dieu, donc vous êtes appelés à dominer tout ce qui vit sur Terre. » En d'autres termes, la science naissante et l'héritage religieux convergeaient :

l'espèce humaine échappait à la Nature. C'est fort !

À partir de ce moment-là, c'est quoi le progrès ? Le progrès devient un arrachement à la nature. Par le travail. Le donné naturel n'a aucune valeur, il ne vaut que pour autant qu'on le transforme, qu'on fabrique des biens, qui peuvent se vendre sur un marché. Et en même temps adviennent les guerres de religion, qui ont traumatisé l'Europe. La finalité ne peut plus être le salut de l'âme, on s'est entre-tués pour ça, les Églises se divisent sur les voies du Seigneur et du salut, ça ne fonctionne plus, cet au-delà. Les philosophes du contrat viennent remplir ce creux : finalement, il n'y a pas de finalité commune qui s'impose dans une société, il n'y a d'ailleurs pas même de société à l'origine, et le seul but qui demeure, c'est accumuler des biens, en jouir dans la paix.

Voilà, à son origine, l'imaginaire de la consommation : il est porté par la modernité, dans ses fonts baptismaux philosophiques. On n'a pas attendu les Trente Glorieuses.

Mais aujourd'hui émerge un « second paradigme », qui, à vrai dire, d'après le philosophe, lui non plus ne date pas d'hier :

D.B. : Darwin, au milieu du XIXe siècle, remet l'espèce humaine dans la nature. « Les amis, vous n'êtes pas du tout une espèce étrangère, vous n'êtes pas du tout une espèce divine, vous êtes des animaux et puis en plus vous êtes un produit de la sélection naturelle. » Là encore, cela repose sur une base scientifique.

Qui va se trouver prolongée, au XXe siècle, par l'éthologie. C'est l'étude du comportement des animaux. C'est une révolution complètement folle : c'est-à-dire que tous les critères classiques, la parole, le sens moral, les stratégies politiques, l'usage des outils, la culture, enfin, tous les critères qui nous permettaient de dire « rire est le propre de l'homme », etc., tous ces critères volent en éclats. Et depuis quinze ans, vous avez la révolution de la biologie végétale. On pensait que les plantes, c'était le *lumpenprolétariat* du vivant. Elles organisaient la production primaire, elles étaient l'interface entre l'organique et l'inorganique, mais elles n'avaient qu'une vie, comme on dit, « végétative ». Et on se rend compte que ce n'est absolument pas le cas, que les plantes ont des stratégies, qu'elles sont capables de leurrer des prédateurs, de s'adapter, d'aller avec leurs racines chercher des nutriments ou de l'eau.

Quelle est la conclusion de tout cela ? Nous sommes des êtres vivants, tout simplement. Nous appartenons à la vie. Et c'est quand même fou : on découvre ça au moment où on flingue tout ! 78 % d'insectes en moins, nous dit la revue

Nature. Et à ce moment critique, on a un truc qui s'ouvre dans nos esprits : nous sommes liés à ça, nous en faisons partie.

C'est déjà très clair dans notre société. Regardez à quel point dans nos pays, très latins, en moins de vingt ans, la cause animale a pris son essor. Regardez la sensibilité aux arbres, aux végétaux aujourd'hui, la sylvothérapie, l'écopsychologie, la permaculture. Plein de signes montrent qu'on s'éloigne du paradigme mécaniste, avec l'homme étranger. Qu'on réintègre la nature.

C'est à cet instant de notre histoire que survient la 5G, c'est autour d'elle, donc, que se cristallise le conflit. Mais comme à peu près toute « avancée », je crois, le cristalliserait.

De quel côté va-t-on basculer ?

Certes, certes, dans les idées des philosophes, le « retour sur Terre » gagne les esprits, et tout cela est bien joli. Mais concrètement, que vit-on ? L'inverse, le « prométhéisme » galope toujours : malgré les ZAD, l'équivalent d'un département français est « artificialisé », c'est-à-dire bétonné, tous les sept ans… Les néonicotinoïdes sont de retour, et la pulvérisation des phytos ne recule pas… Des drones à Amazon, nous vivons, plus que jamais, un resserrement de l'emprise technologique.

14.

« On passe des commandes en ligne, on prend des apéros en ligne, bientôt on baisera en ligne... Avec le Covid, notre société a gagné vingt ans. »

C'est une brève de comptoir, lancée par Thierry Martin, un restaurateur amiénois, à la fois dépité et emporté par les confinements et couvre-feux. Mais ce propos de bistro, je veux le prendre au sérieux, je veux entendre ce qu'il dit profondément, ce qu'il dit sans le dire, en riant : « Notre société a gagné vingt ans. » Mais, dans son esprit, c'est plutôt une perte : à une avancée technologique répond, d'après lui, un recul humain.

Le Progrès irait à reculons.

Cette crainte d'une déshumanisation, de nous retrouver dans un épisode de *Black Mirror*, de n'avoir plus devant nous que des machines, cette crainte, me semble-t-il, nous l'éprouvons tous.

Nos dirigeants, eux, ne connaissent pas ces doutes.

Ils les balaient.

Ils foncent :

« Il y a une course, et la France risque de prendre du retard, nous galvanise la secrétaire d'État à l'industrie, Agnès Pannier-Runacher. Comme la Suède, la Finlande, l'Allemagne, les États-Unis, la

Chine, la Corée, la Nouvelle-Zélande, nous allons lancer les enchères pour la 5G, cette technologie essentielle à la compétitivité du pays. Nous le faisons pour le pays, nous le faisons pour notre industrie, nous le faisons pour les Français. Faisons attention à ne pas prendre du retard sur le reste de la compétition... »

Mais encore et toujours : quel est le sens de cette « course » ?

« Sur la 5G, nous devons accélérer », ordonne à son tour Cédric O, secrétaire d'État au numérique. Et de se lécher les babines : « La crise offre l'opportunité d'une transformation plus volontaire encore. »

De fait, grâce au virus, avec son cortège de « gestes barrières », de « distanciation sociale », de « #restonscheznous » (et devant nos écrans), l'école devient « numérique », l'Université, « distancielle », le travail, « télétravail », le commerce, « click and collect »... Bref, une « transformation » s'opère, mais est-elle franchement « volontaire » ? Ou qui la veut ? Qui veut quoi ?

15.

Quand on n'a qu'un marteau, dit le proverbe, on voit tous les problèmes sous forme de clous.

Quand on est la start-up Nation, on voit toutes les solutions sous forme de « numérique ».

Même le coronavirus fut combattu ainsi.

Quel fut, face à cette maladie, le réflexe de la Macronie ? Plutôt que des masques, des respirateurs, des médicaments, des tests, des choses très « ancien monde », notre gouvernement répondit à la pandémie par une application : StopCovid. Qui coûta 6,5 millions d'euros, dont 3 en communication. Pour, d'après un rapport parlementaire, « 5 553 tests positifs, 346 alertes, dont 296 effectivement transmises. Une inutilité sanitaire ». Et le président enterra l'affaire d'un : « Ne dites pas que c'est un échec, dites que ça n'a pas marché... » Nuance.

Côté budget aussi, ce biais dominait : le « plan d'urgence », au printemps, ne comptait pas une ligne pour les urgences ! Rien pour un hôpital en grande souffrance ! En revanche, pour aider la French Tech, Bercy débloquait aussitôt des milliards : « Versement anticipé d'aide ou de crédit d'impôt, résumait *L'Usine digitale*, financement de bridges et prêt de trésorerie garanti par l'État : le gouvernement a annoncé un fonds de 4 milliards d'euros pour venir en aide aux start-up en raison de la crise économique liée à la pandémie de coronavirus. » Là se trouvait la priorité.

Et quand, durant l'été, on entama le « Ségur de la santé », l'accent, et les moyens, furent mis sur « l'hôpital numérique », avec 6 milliards pour « rattraper le retard », pour « développer une plateforme digitale unique », pour « l'interopérabilité des systèmes », etc. Avec pour but de « devenir un leader dans le domaine de la santé numérique ». « Leader » sur les lits de réa, dans l'immédiat, nous serait plus utile…

Dernière innovation en date : pour lutter contre le trafic de drogue, quelle est la voie du e-salut ? « Le ministre de l'Intérieur, Gérald Darmanin, a annoncé la création d'une plateforme en ligne pour permettre aux habitants de signaler les points de deal. »

À petits pas, on s'avance ainsi vers « Cap 2022 », avec – c'est l'objectif fixé – « 100 % des services en numérique »… dans une France où onze millions d'habitants utilisent peu, ou mal, Internet ! Dans une France où, d'ores et déjà, les chômeurs, les plus âgés, galèrent avec des numéros verts, des appels surtaxés, des centres d'appels à l'étranger, pour se « réactualiser », pour acheter un billet… Qui ne s'est pas reconnu dans le *Moi, Daniel Blake* de Ken Loach, ses tentatives téléphoniques, en vain, pour trouver un humain… Il est là, leur Progrès, dans cette exclusion par la technologie ? Les souhaitons-nous vraiment, ces gares sans guichet ? Ces agences sans agent ?

« Plus vous êtes précaire, plus vous êtes confronté à la dématérialisation », constate ainsi Benoît Vallauri, qui dirige un laboratoire d'innovation en Bretagne :

BENOÎT VALLAURI : Prenons l'exemple d'habitants CSP+ : ils n'auront peut-être à faire que deux à trois démarches dématérialisées par an, comme les impôts. Et pour des demandes complexes, comme la carte grise de leur véhicule, ils pourront payer les 30 euros de la prestation d'accompagnement, qui est une forme d'« uberisation » des services publics. Ce n'est pas le cas pour les usagers qui ont le plus besoin de nous : les demandeurs d'emploi qui doivent s'actualiser tous les mois, les plus précaires, qui, eux, devront gérer des procédures dématérialisées supplémentaires (RSA, CMU, formation...). Au niveau national, on devrait s'interroger sur la réforme « Action publique 2022 » au vu de la situation actuelle et des moyens associés.

LA GAZETTE : Pour autant, vous n'êtes pas anti-dématérialisation ?

B.V. : Loin de là ! Mais je sonne l'alarme lorsqu'elle est mal faite et laisse de côté de nombreux citoyens. Dire, par exemple, que le confinement a montré qu'il fallait accélérer encore la dématérialisation me pose question. Où est l'enquête qui le prouve, en termes d'usages ? Il faut faire attention aux effets d'aubaine. Dématérialiser rapidement et sans coopérations, c'est trop souvent le faire mal. Nous pouvons imaginer une démat' plus bienveillante, plus « heureuse ».

Alors, faut-il accélérer, à marche forcée ? Ou se donner le temps, donner le temps à la société, à nos concitoyens, de digérer le numérique, à petites doses ? Pour que, à moins l'imposer, ces nouveautés participent au bonheur ?

16.

« À quoi la 5G servira-t-elle ? »

C'est le directeur de l'Arcep, Sébastien Soriano, le gendarme des Télécoms, qui devant le Sénat soulève la question. Enfin ! On va savoir ! Avant de nous décevoir : « Mesdames et messieurs, je n'en sais rien, car c'est la société qui va décider de son utilité. » Et de néanmoins trancher : « Être en retard sur la 5G n'est pas une option. »

Le cabinet Gartner, spécialisé dans les nouvelles technologies, a une idée plus précise de ces usages : « Les caméras représenteront 70 % des objets connectés en 5G en 2020, avant de passer à 32 % en 2023. » De quoi ravir Christophe Castaner qui, alors ministre de l'Intérieur, déclarait : « Nous vivons dans un enclos numérique mondial. » Voilà qui devrait encore resserrer les barreaux.

« Notre projet est de connecter tous les objets de la maison, annonçait il y a dix ans déjà la société Violet. On comptabilise aujourd'hui en moyenne 6 000 objets dans une maison dont seulement trois – le téléphone, l'ordinateur et la télévision – sont connectés. Il en reste 5 997. » On compte déjà des « baskets auto-laçantes » (avec le « système motorisé *Electro Adaptive Reactive Lacing* »), le « soutien-gorge auto-délaçant » (qui se défait tout seul en cas de désir), la fourchette anti-bâfrement (avec un *Slow Control*, qui « vibre discrètement » si vous avalez trop vite), un « décapsuleur connecté » (afin de « partager votre expérience avec vos amis connectés »), sans oublier la bouteille d'eau qui vous rappelle de boire, le bracelet qui vous électrocute en cas de retard, la brosse à cheveux qui vous conseille les produits L'Oréal, l'anneau au pénis qui mesure vos performances sexuelles, etc., etc.

Mais ce n'est qu'un début : demain, la « Smart Home » devrait devenir la norme.

La « Smart City » aussi, et le « Smart World » au bout : « Tous les engins, les appareils, les machines et les dispositifs vont être équipés de capteurs qui vont relier chaque objet à chaque individu, en un vaste réseau numérique neural qui se déploiera dans l'ensemble de l'économie mondiale, s'enthousiasme Jeremy Rifkin, chantre de la croissance verte et technologique, qui murmure à l'oreille des puissants et de la Commission européenne. On a calculé que, d'ici à 2030, il y aura près de 100 billions [cent mille milliards !] de capteurs qui mailleront l'environnement humain et naturel pour former un environnement intelligent mondial distribué. » Ça le fait rêver, ça les fait rêver. Forcément : c'est un marché géant, tous « les engins, les machines, les appareils » à renouveler, c'est la société de consommation qui se relance pour un tour. Et sous prétexte de sauver la planète, peut-être…

Mais nous, est-ce que ça nous fait rêver ?

Il faut croire que non : « Quel est votre habitat idéal ? »

C'est un sondage réalisé par Promotelec, qui réunit les professionnels du bâtiment. À 63 %, très largement plébiscité, les Français répondent : « Un cocon chaleureux pour la famille. » Puis viennent « un espace en harmonie avec la nature » (29 %), « un lieu de vie écologique » (22 %)… À la traîne, tout en queue de peloton, arrivent « un espace high-tech et connecté » (15 %) et « un espace intelligent et autonome qui sait se gérer tout seul » (14 %). Voilà les propositions les moins applaudies. Les raisons de ce rejet : le prix (pour 83 %), la crainte de l'espionnage (72 %), la dangerosité des ondes (64 %). Et presque les deux tiers, 62 %, trouvent ça « inutile ». Quel fossé entre le monde qu'ils nous préparent et celui qu'on désire !

17.

« Depuis qu'ils ont installé la commande vocale, quand je rentre chez moi, ça me rend nerveux avec mes enfants, avec ma femme. Je leur dis "Répétez. Répétez", comme si je causais à des machines. "OK. OK." » Arnaud est cariste dans un entrepôt Auchan, et il bloquait le jeudi 8 octobre l'entrée du centre logistique d'Amiens. « On est guidés par la technologie. On a un casque qui nous dicte quoi faire. Vous imaginez, toute la journée ? Il nous envoie des colis dans le cerveau ! »

Voilà réalisée la prophétie de Marc Andreessen, le fondateur de Netscape : « La population sera divisée entre les gens qui disent aux ordinateurs quoi faire, et les gens à qui les ordinateurs disent quoi faire... »

J'ai visité l'un de ces ateliers près de chez moi : JJA, le numéro 1 des meubles de jardin. C'est un nœud de la mondialisation : les camions arrivent d'un côté, en provenance du Havre ou de Rotterdam, apportant les conteneurs de Chine, remplis de tables et chaises en bois, aux allures écolos... D'autres camions repartent à l'autre bout, livrant les magasins Ikea et Conforama du Nord... Entre les deux, des kilomètres d'allées, quasi désertes, presque sans salariés... De loin en loin, un employé, casque sur les oreilles, conduit son transpalette qui circule sur des rails... Les patrons m'ont présenté leur projet : dans le nouveau dépôt, qui ouvrira bientôt, tout en hauteur, cinquante mètres de tour, la présence humaine sera encore plus réduite, un bras articulé ira, dans les rayonnages, attraper les produits...

« Avec les algorithmes, poursuit Arnaud, avec l'intelligence artificielle, avec les balises à bord des camions, ils arrivent à gratter sur toutes les pauses, sur tous les temps morts. On ne respire plus. Et grâce à ça, maintenant, il supprime cinquante-quatre postes ici. Mais ma fiche de paie, elle est toujours à 1 207 euros, après vingt et un ans d'ancienneté ! »

Ces technologies facilitent les flux, flux d'informations, flux de marchandises, flux de capitaux, à travers les océans et les continents... Grâce à elles, les PDG et leurs actionnaires ont raflé la mise. Mais qu'ont gagné les salariés aux derniers « progrès » ? Que gagneront-ils aux suivants ?

« Je veux saluer l'ensemble des femmes et des hommes qui sont en deuxième ligne », s'exaltait Emmanuel Macron au printemps dernier. Et de citer « nos caissiers et nos caissières, nos livreurs, nos routiers » : « Je veux ce soir avec beaucoup de force les remercier et leur apporter tout le soutien de la nation. » Mais les « progrès » à venir, vont-ils faciliter leur vie ? Ou la menacer ?

Tandis qu'on les célèbre d'une main, on les supprime de l'autre : pour la première fois, en 2020, pour la première fois depuis un siècle, des hypermarchés ouvraient le 1er mai… mais sans caissières, avec seulement des caisses automatiques, et des vigiles pour surveiller. Le même groupe, Casino, offre désormais, à deux pas des Champs-Élysées, « un nouveau concept de magasin, ouvert de jour comme de nuit, avec de grands écrans tactiles, rapporte *Le Figaro*. L'originalité réside surtout dans le fait qu'il n'y a plus de caissières. Le paiement se fait via des caisses automatiques. Ou par smartphone, avec l'application du magasin (Casino Max). Le client scanne les articles qu'il souhaite acheter via son téléphone puis les règle directement depuis l'application où sa carte bancaire a été enregistrée au préalable. Pour sortir du magasin, une fois la facture réglée, apparaît un code-barres sur l'écran du téléphone qu'il suffit d'apposer sur une borne qui déclenche alors l'ouverture d'un portique. Le client peut ainsi faire ses courses y compris la nuit, sous la surveillance d'une centaine de caméras et d'un vigile posté à l'entrée. "Le digital est présent partout, complète Cyril Bourgois, directeur de la Transformation digitale. Mais le magasin n'est pas pour autant déshumanisé. C'est aussi un lieu de vie avec une qualité de service" ».

Tant mieux, on peut penser. À l'instar de Guy Mamou-Mani, ex-vice-président du Conseil national du numérique : « L'automatisation détruit des emplois, mais pas n'importe lesquels, les emplois dont on ne veut plus, qu'on ne peut plus vouloir, parce qu'ils sont pénibles, répétitifs, voire dégradants. Est-il épanouissant de passer des heures à biper des boîtes de conserve, des escalopes sous vide et du produit vaisselle ? » Eh ! oui, quel sale boulot ! Faire défiler des produits, toute la journée, sur un tapis roulant ! Autant qu'une machine s'en charge ! Pourvu qu'on leur assure une subsistance...

Je le pensais moi-même, il y a une dizaine d'années, avant d'écouter les caissières. Que disent-elles ? Que disent les études ethnographiques à leur sujet ? Qu'elles aiment leur métier, qu'elles le considèrent comme utile, de relation, d'échange avec le client. Qu'elles n'aiment pas, en revanche, comment on l'a transformé, comment on leur demande de l'effectuer : avec des horaires coupés, avec une procédure SBAM+ formatée (Sourire Bonjour Au revoir Merci + « Avez-vous la carte de fidélité ? »), avec l'interdiction d'interpeller une collègue... Leur travail s'est vidé de l'humain, réduit à un taylorisme des services.

Le « commerce », d'ailleurs, depuis l'Antiquité, depuis le *commercium* latin, comportait ce double sens : « 1. Trafic, négoce. 2. Fréquentation, rapport, relation. » Va-t-on, alors, d'une activité humaine multimillénaire faire une formalité de robots ? C'est un choix anthropologique, et, pourtant, on ne choisira pas : cette « transformation volontaire » s'impose, par décision des actionnaires de Casino, Auchan, Carrefour...

Les caissières disparaîtront-elles ?

Et les routiers, avec les véhicules autonomes ?

Et les livreurs ?

Et les caristes ?

D'après Bill Gates, le PDG de Microsoft, « la technologie va réduire les emplois, particulièrement au bas de l'échelle des compétences. Dans vingt ans, la demande de main-d'œuvre sera substantiellement plus faible ».

18.

« Nous n'avons pas de téléphone à table lorsque nous prenons nos repas, déclare le même Bill Gates. Nous n'avons pas donné de portable à nos enfants avant leurs 14 ans, même quand ils se plaignaient que des camarades en aient déjà. »

Des principes éducatifs que partageait Steve Jobs : « Alors, vos enfants doivent adorer l'iPad ? » l'interrogeait un journaliste. Que le fondateur d'Apple surprit : « Ils ne l'ont pas utilisé. Nous limitons la technologie que nos enfants ont le droit d'utiliser à la maison. » Et son biographe de raconter : « Chaque soir, Steve insistait pour dîner sur la longue table dans leur cuisine, pour discuter de livres et d'histoire. Jamais personne ne sortait un iPad ou un ordinateur. Les enfants n'avaient pas l'air accros à ces appareils. »

Eux font penser à des trafiquants de cocaïne : on en vend, on en vit, mais pas de ça dans ma famille ! Ainsi, Chamath Palihapitiya, un ancien cadre de Facebook, défend à ses enfants de toucher à « cette merde ». D'après lui, les réseaux sociaux « sapent les fondamentaux du comportement des gens. Je pense que nous avons créé des outils qui déchirent le tissu social », juge-t-il, faisant part de « son immense culpabilité ».

La règle numéro 1 de Chris Anderson, l'ancien rédacteur en chef du magazine américain *Wired* et actuel PDG de 3D Robotics ? Jamais d'écran dans la chambre à coucher. « Mes enfants nous accusent, ma femme et moi, d'être des fascistes exagérément préoccupés par la high-tech, et ils disent qu'aucun de leurs amis n'a les mêmes règles. C'est parce que nous sommes des témoins directs des dangers de la technologie. Je l'ai vu sur moi-même, et je ne veux pas que cela arrive à mes enfants. »

Ils échappent, ou essaient d'échapper, au monde qu'ils fabriquent.

Au XIXe siècle, la corpulence était l'apanage des riches, la maigreur, des pauvres. Puis les choses se sont inversées, et la rondeur, renommée obésité, est devenue une grâce des classes populaires, tandis que les dirigeants se sont amincis, affinés.

De même, auparavant, c'est chez les fortunés qu'on rencontrait une profusion d'objets, de meubles, de tableaux, d'argenterie, alors que la misère survivait dans le vide. Désormais, dans les appartements et les magasins parisiens, vu le prix du mètre carré, le vide est un signe de réussite, et les architectes d'intérieur se flattent des « volumes », des grands espaces aérés. Tandis que dans les HLM que je visite, les babioles encombrent souvent.

Nous vivons, me semble-t-il, une même inversion à l'égard de la technologie. Elle était hier réservée aux dominants, n'arrivait dans le peuple qu'en décalé, avec quelques décennies de retard, pour la voiture, le poste radio, la télévision... et dernièrement, la high-tech pour les hautes classes. C'est sur nous, pourtant, que se déverse le « numérique », des bornes automatiques partout, à Pôle emploi, à la CAF, à Carrefour, à la SNCF, chez McDo, etc., notre univers sera « numérique », et pour obtenir un humain, un contact humain, il faudra, il faut déjà, remplir des formulaires, délivrer des mots de passe, taper sur des astérisques. Mais qu'on entre dans leurs boutiques chic, que se passe-t-il aussitôt ? Un vendeur, une vendeuse, se précipite sur eux, les conseille... Eux sont entourés de secrétaires, d'assistants, de coachs, d'une nouvelle domesticité, qui les secourent, qui les chouchoutent...

Le luxe, aujourd'hui, c'est l'humain.

« On observe une grande discordance, note le journaliste Pierre Rimbert : les personnes impliquées, on va dire, dans cette automatisation du monde, comment ils élèvent leurs enfants ? Dans la baie de San Francisco, les gens payent des humains à leurs enfants, à tel point qu'un métier apparaît aux États-Unis : "assistant personnel du coach pour enfants". Pas seulement le coach, mais l'assistant du coach, le coach permet à l'enfant, entre 0 et 3 ans, d'entrer dans une maternelle à 20 000 dollars par an. Donc, ces mêmes personnes qui, par leurs entreprises, par la technologie, vont priver les autres de rapports humains, pour elles-mêmes, pour leurs familles, elles surinvestissent dans l'humain, elles en reconnaissent le caractère absolument nécessaire... Il y a un caractère très inégalitaire de l'automatisation. »

Et où les cadres d'eBay, Apple et Yahoo! scolarisent-ils leurs chéris ? Dans des établissements, en Californie, qui délivrent un enseignement sans aucun outil technologique. Pas d'écran en vue, seulement des livres, du papier et des crayons. « L'idée qu'une appli ou un iPad puisse mieux enseigner à mes enfants comment lire ou faire des maths est ridicule », confie Alan Eagle, de Google. Le directeur éducation de l'OCDE approuve scientifiquement : « Les écoliers qui utilisent très souvent des tablettes et des ordinateurs ont tendance à moins bien réussir que ceux qui les utilisent modérément. »

Mais pour nous, pour nos enfants, quel est l'avenir de l'école ? « Numérique », cela va de soi.

19.

Quatre heures et onze minutes : c'est le temps que passe, chaque jour, en moyenne, un jeune Français devant les écrans. Cette lutte, tous les parents la connaissent, et beaucoup la perdent, guerroyant contre une addiction tranquille à domicile. Ou collaborant avec l'hypnose de la

PlayStation, de la Switch, qui apporte la paix au foyer...

Avec quelles conséquences ? De « graves effets », d'après les professionnels de la petite enfance qui, en mai dernier, publiaient une tribune dans *Le Monde* : « Nous recevons de très jeunes enfants stimulés principalement par les écrans, qui, à 3 ans, ne nous regardent pas quand on s'adresse à eux, ne communiquent pas, ne parlent pas, ne recherchent pas les autres, sont très agités ou très passifs. »

D'après des études, encore sujettes à caution, à vérification, voilà qui conduirait à un « amincissement prématuré du cortex – sorte de vieillissement dû au numérique », à des « retards dans le développement du langage », à des « troubles du sommeil et de l'attention ».

Mais à focaliser sur les jeunots, ne nous excluons pas du lot : c'est cinq heures par jour, pour les adultes, en hausse de 50 % en dix ans. L'arrivée du portable, de sa 3G, 4G, nous a déjà bouleversés, intimement, dans nos comportements : on consulte notre mobile des centaines de fois par jour, 41 % des gens se tournent vers leur mobile au beau milieu de la nuit, 36 % ont le sentiment d'en « être dépendants »...

Et encore ceux-là sont-ils les plus conscients !

Pour rédiger des livres, des articles, Internet est un formidable outil, c'est une évidence, une gigantesque bibliothèque, une incroyable mémoire. Mais quand le wifi fut branché chez moi, je n'ai plus réussi à écrire : à tout bout de champ, au moindre flottement, j'allais consulter ma boîte courriel, je surfais sur les réseaux, je tombais sur une vidéo... La matinée s'écoulait, l'après-midi dans la foulée. Il a fallu que je me réfugie chez mes parents, où les ondes n'atteignaient pas le grenier : enfin, *La Guerre des classes* a décollé. Aujourd'hui encore, à l'instant présent, je le ressens : passer un quart d'heure à réfléchir, une demi-heure à tapoter sur ce clavier, sans contrôler mes fils Telegram, sans rechercher un horaire de train, c'est un défi, tiraillé que je suis entre cent alertes, mille tâches possibles.

C'est une expérience commune, me semble-t-il, que je narre ici : nous sommes atteints dans notre capacité de concentration, et même d'évasion. Le numérique nous apporte, certes, mais il nous retranche également.

20.

C'est une autre cassure que j'observe.

Depuis le XIXe siècle, le Progrès s'était accompagné d'une libération du travail, jamais tout seul, oh non, toujours dans la douleur, toujours par la lutte. La fin du travail des enfants, le recul à 12 ans, puis 14 ans, puis 16 ans, de leur entrée à la mine ou à loisirs, c'est une bataille sur le temps de travail. Le dimanche chômé, puis le « samedi anglais », comme on l'a appelé, c'est une bataille sur le temps de travail. Le congé maternité, les congés payés, c'est une bataille sur le temps de travail. La loi des « huit heures », huit heures de travail, huit heures de repos, huit heures de loisirs, c'est une bataille sur le temps de travail. Les heures de formation, ou de délégation. Et bien sûr, les retraites.

1982, en France, c'est le dernier moment de conquête. Par les 39 heures à la place des 40 (bof, franchement). Par la cinquième semaine de congés payés (ça, oui, ça se prend). Et surtout, par la retraite à 60 ans (à la place de 65), formidable avancée pour les métiers manuels, physiques, populaires, travailleurs qui pour beaucoup n'arrivaient pas au bout, ou alors éreintés, trop usés pour en profiter.

Cette période me passionne, ce moment où « la gauche a basculé à droite », entre 1981 et 1983. Aussi ai-je épluché la presse de ces deux années : l'âge de la retraite vient d'être baissé à 60 ans, et dans un sondage, que pensent les Français, à l'époque, majoritairement ? Qu'il passera bientôt à 55 ans ! Tant cela semblait le sens de l'histoire.

Dans la lignée de John Stuart Mill, le père de l'économie écologique, qui écrivait en 1848 :

« C'est seulement dans les pays retardés du monde que l'accroissement de la production est un objectif important : dans les plus avancés, ce dont on a besoin sur le plan économique est une meilleure répartition. »

Que complète John Maynard Keynes, un siècle plus tard, estimant qu'à la fin du XXe siècle, les besoins seraient *grosso modo* satisfaits, que les humains consacreraient moins de vingt heures par semaine au travail, en seraient libérés pour l'amour et les arts : « Il sera temps pour l'humanité d'apprendre comment consacrer son énergie à des buts autres qu'économiques… »

Mais depuis quarante ans, depuis quarante ans d'informatique et de numérique, d'automatique et de cybernétique, que s'est-il passé ? Avons-nous progressé ? Au contraire, nous rebroussons chemin. La semaine de 20 heures, n'en parlons plus. Tout comme la retraite à 55 ans, perdue de vue. De Balladur en Fillon, de Sarkozy en Macron, son âge recule sans cesse. Les dimanches ne sont plus chômés. Les heures supplémentaires se font à foison. Le gouvernement gratte, au nom des vieux, sur les jours fériés. Et nulle sixième semaine de congés payés à l'horizon…

Comment l'expliquer, malgré les ordinateurs et Internet, malgré les « gains de productivité » ? Pourquoi travaillons-nous plus longtemps ?

Il y a les dividendes, d'abord, dont la part a plus que triplé : en 1983, un salarié travaillait en moyenne une semaine par an pour les actionnaires. C'est aujourd'hui plus de trois semaines.

Il y a, bien sûr, le chômage : d'une diminution du temps de travail choisie, organisée, nous sommes au fond passés à une diminution subie, sous contrainte. Et qui ne fait que des malheureux : le chômeur, qui se regarde comme un « déchet », « inutile au monde », qui « broie du noir », condamné à une « agonie sociale ». Et des travailleurs, qu'on use jusqu'à la corde, perdant le sens de leur métier, dont la maladie des temps modernes est devenue le burn-out.

Il y a enfin, surtout, les « besoins artificiels », sans cesse renouvelés. Le capital stimule les désirs, de la nouvelle Audi, du portable dernier cri, de la piscine dans le jardin, etc., sans quoi nous ne sommes pas à la hauteur. Sans quoi nous sommes largués. Sans quoi nous n'atteignons pas au bonheur conforme. Depuis 2007, Apple a sorti « quatorze générations » d'iPhone, en un tourbillon d'« innovations », l'iPhone 6 en 2014, le 7 en 2016, 8 en 2017, le XR en 2018, le 11 en 2019, et enfin, le 12, cet automne. Et il faut bien sûr travailler plus pour se le procurer : c'est l'équivalent de 102 heures à Paris, près de trois semaines de boulot. La moitié à New York,

54 heures. Mais évidemment bien plus à Pékin, 314 heures.

Alors, avec ce renouvellement permanent, ce progrès nous libère-t-il ? Ou nous asservit-il ?

Cette inversion de l'histoire, ce « grand bond en arrière » du temps de travail nous est venu – il n'y a pas de hasard – d'outre-Atlantique, du pays de Reagan et de la Silicon Valley. Les États-Unis étaient, dans les années 1950, le pays de l'Ouest où l'on travaillait le moins, et le resta jusqu'en 1980 : moins que la France, moins que l'Italie, moins que l'Allemagne, moins que le Japon. Ils sont aujourd'hui la nation où l'on travaille le plus. Pour gagner le plus. Pour consommer le plus. En PIB par habitant, indéniablement, ils font la course devant.

Les indices de bien-être, en revanche, n'ont pas suivi : taux d'obésité, taux d'incarcérations, taux de mortalité infantile, taux de suicides, taux de maladies mentales, taux d'homicides sont les plus élevés des pays développés. Tout comme le niveau d'inégalités. L'économie se porte bien, les habitants se portent mal.

Que s'est-il passé ? Dans les années 1980, les États-Unis ont « libéré les énergies » de la rivalité ostentatoire. En 1965, un patron américain gagnait 20 fois le salaire de ses employés, on est désormais à 221 fois. Les revenus des financiers de Wall Street ont explosé. Le 1 % du sommet a encaissé tous les gains. Tandis qu'en bas, on multipliait les heures mal payées, pour survivre. Pour s'offrir, aussi, une consommation-consolation.

Évidemment, avec leur puissance, leur influence, les États-Unis ont entraîné l'Europe dans cette course folle : nous ne pouvions rester « à la traîne ».

Nous avons d'abord poursuivi notre histoire (presque) normalement : entre 1980 et 1995, le temps de travail a diminué de 3 %. C'était déjà moins rapide que par le passé, mais le mouvement continuait. Il s'est arrêté net, inversé chez nous aussi : durant la décennie suivante, entre 1995 et 2005, il a augmenté de 8 %. Comme l'écrit l'économiste Tim Jackson : « La croissance est désormais due au fait que les gens travaillent plus longtemps que dans le passé... L'UE est notamment préoccupée par sa performance par rapport à ses concurrents. » Il fallait rattraper le retard.

En France, les 35 heures de Jospin-Aubry sont traversées par cette contradiction. La « gauche plurielle » prolongeait le mouvement ouvrier, un mouvement historique. Contre le chômage, cette mesure s'est d'ailleurs avérée « la plus efficace et la moins coûteuse ». Mais, en même temps, les ministres d'alors maintenaient un discours de « compétitivité », validant le traité d'Amsterdam et la stratégie de Lisbonne, la « performance » économique comme fin. Ce conflit s'est traduit, d'abord, par une intensification du travail, par de l'annualisation, par de la flexibilité, par des lois Aubry 2 qui, au fond, détricotaient les premières. Puis, avec la droite, par un retour aux 40 heures et plus. Et Emmanuel Macron prolonge ce chemin américain.

Dans la foulée, notre continent, notre pays sont frappés des mêmes maux : obésité, incarcération, suicide, maladie mentale... Le bien-être ne progresse plus. Objectivement. C'est mesurable. Le mal-être gagne la société, les esprits. Les inégalités augmentent. Le consumérisme / productivisme s'est installé dans nos télés, dans nos cerveaux, dans nos vies.

21.

« Dans ce livre, je veux revenir à la question sans doute la plus importante pour nous autres humains : qu'est-ce qu'une vie bonne ? Et pourquoi nous fait-elle défaut ? »

Ainsi le philosophe allemand Harmut Rosa ouvre-t-il son ouvrage *Accélération et Aliénation*. Dans nos sociétés modernes, suppose-t-il, ce qui fait notre malheur, c'est le temps, le temps qui manque, le temps qui presse. « Avec l'accélération de la vitesse de la vie, les gens auront l'impression que le temps passe plus vite qu'avant et ils se plaindront que tout va trop vite, ils craindront de ne pas suivre le rythme. Ces impressions semblent avoir augmenté au cours des dernières décennies. Les expériences se compriment, avec une tendance à faire davantage dans une période de temps donnée, en réduisant les pauses et les intervalles, et/ou en faisant plusieurs choses en même temps, par exemple cuisiner, regarder la télé et téléphoner. »

Sans conteste, la technique s'est accélérée : on peut parcourir plus de kilomètres en une heure, transférer plus de données en une minute, effectuer des tâches plus rapidement... Voilà qui, se dit-on, à l'intuition, voilà qui devrait libérer du temps, et donc, possiblement, nous permettre de ralentir. Et pourtant, non, au contraire : pourquoi ? Par quel paradoxe ? C'est que le nombre de tâches, lui, augmente : « Pensez simplement aux conséquences de l'introduction du courrier électronique sur notre budget temps. Il est correct de supposer qu'écrire un courrier électronique est deux fois plus rapide qu'écrire une lettre classique. Considérez ensuite qu'en 1990, vous receviez dix lettres par journée de travail, dont le traitement vous prenait deux heures. Avec la nouvelle technologie, vous avez gagné une heure de temps libre, que vous pouvez utiliser pour d'autres choses. Est-ce cela qui s'est passé ? Je parie que non. En fait, si le nombre de messages que vous lisez et envoyez a doublé, vous avez besoin de la même quantité de temps pour votre correspondance. Mais je soupçonne qu'aujourd'hui vous lisez et écrivez quarante, cinquante, ou même soixante-dix messages par jour. Vous consacrez donc beaucoup plus de temps pour tout ce qui touche à la communication qu'avant que le Web ne soit inventé.

Il se trouve que la même chose s'est produite il y a un siècle avec l'invention de la voiture, et un peu plus tard avec la machine à laver : bien sûr, nous aurions gagné d'importantes ressources de temps libre si nous avions parcouru les mêmes distances qu'auparavant et lavé notre linge à la même fréquence – mais ce n'est pas le cas. Nous parcourons aujourd'hui, en conduisant ou même en avion, des centaines de kilomètres, pour le travail ou pour le plaisir, alors qu'avant nous n'aurions sans doute couvert qu'un cercle étroit pendant toute notre vie, et nous changeons maintenant de vêtements tous les jours, alors que nous n'en changions que tous les mois (ou moins) il y a un siècle. »

La technique n'est pas le seul moteur de cette accélération : « Du point de vue des individus, il existe une lutte concurrentielle incessante pour les concours de l'enseignement et les emplois, les revenus, les biens de consommation ostentatoires, la réussite des enfants, mais aussi, et de manière plus importante, pour obtenir et garder un conjoint et un certain nombre d'amis... La logique sociale de la compétition est telle que les concurrents doivent investir une énergie accrue pour rester compétitifs. »

Jusqu'à ce drame, « la promesse d'éternité » sans cesse échouée : « Les techniques mêmes qui nous permettent de gagner du temps ont démultiplié le nombre d'options dans le monde : aussi rapides que nous devenions, notre part du monde, c'est-à-dire la proportion d'options réalisées et d'expériences vécues par rapport à celles que nous avons ratées, n'augmente pas, mais chute sans arrêt. Ceci, j'ose le dire, est l'une des tragédies de l'homme moderne : alors qu'il se sent prisonnier d'une course sans fin comme un hamster dans sa roue, sa faim de vie et du monde n'est pas satisfaite, mais de plus en plus frustrée. »

Avec à la clé une dépression pathologique, dont « des découvertes scientifiques récentes indiquent que certaines formes doivent être comprises comme des décélérations, comme des réactions individuelles face à des pressions d'accélération excessives ».

Avec, bizarrement, collectivement, l'impression que plus rien n'avance : à force d'accélération, de changements permanents, aléatoires, épisodiques, frénétiques, « en fait aucun changement "réel" n'est plus possible, le système de la société moderne se referme sur lui-même et l'histoire approche d'une fin qui a la forme d'une "immobilisation accélérée" ». Des choses changent, mais elles n'évoluent pas, elles ne vont « nulle part ».

C'est de la théorie, ici.

Et je vois bien l'ironie qu'il y a, chez moi, à prôner le « ralentir », quand je suis sans cesse entre deux trains, entre un discours dans l'Hémicycle et un post Facebook, menant trop de vies, trop d'expériences, trop d'options de front, et avec, là, pendant ces vacances, une course contre la montre : ce manuscrit à terminer avant samedi...

Mais cette usure, cette contradiction, les Français semblent bien l'éprouver : 65 % ont le sentiment que « le monde va trop vite ». 58 % « aspirent à ralentir ». Quel gouffre, quand même, entre les désirs des gouvernés et la volonté des gouvernants !

Comme individu, nous avons le sentiment, déjà, d'avoir perdu le contrôle de nos vies, que nos sociétés ont perdu le contrôle de notre destin commun… Est-ce qu'accélérer encore va nous aider ? Ou est-ce que, comme les Gilets jaunes autour des ronds-points, comme Gébé dans *L'An 01*, il ne vaut mieux pas « s'arrêter, réfléchir, et c'est pas triste » ?

Se noue un combat, là, entre les puissances d'en haut, qui veulent du flux, du mouvement, de l'accélération, et une base, fatiguée, lassée, qui réclame une pause : « Pouce ! »

La 5G en fait les frais.

Quelle coïncidence, non, d'ailleurs ? Car qu'est-ce que le « G » ?

C'est l'unité d'accélération.

Et « généralement, d'après Wikipédia, on considère qu'on peut résister à 5 G sans perdre connaissance ». Nous voilà à la limite…

22.

Thierry Breton prévoit déjà, lui, de la dépasser :

« Pour que l'Union européenne continue de faire la course en tête, j'ai lancé sans attendre une initiative afin d'accompagner et d'accélérer nos efforts de recherche en Europe sur la 6G. » À peine nommé commissaire au Marché intérieur, quelle était la priorité de l'ancien patron de France Telecom ? Non pas l'Europe sociale, non pas l'harmonisation fiscale, ces promesses qu'on nous agite depuis trente ans, et qui manifestement peuvent encore attendre. Quelle est, pour nos peuples, pour notre avenir, son urgence ? La 6G, déjà ! Et pourquoi ? Sans surprise, refrain répété, récité : pour « accélérer », pour « faire la course en tête ».

Quand, comme seul horizon, comme cap, pour notre continent, celui de Cervantes et de Kundera, celui de Montaigne et de Hegel, quand, avec notre histoire, avec nos sentiments, les dirigeants de l'Europe n'ont que la 6G à offrir, c'est le symptôme d'un vide. D'un vide politique. D'un vide d'espérance. D'un non-sens.

Voilà qui me ramène à notre entretien, il y a quelques années, avec Jean Birnbaum, auteur d'*Un silence religieux* :

F.R. : Je partirais d'un truc tout bête : la sortie de l'iPhone 7. « Il arrive », j'ai entendu à la radio. Tous les médias en frémissaient. C'était comme la descente du Saint-Esprit sur les apôtres au moment de la Pentecôte… « C'est ça, je me suis dit, notre nouvelle espérance ? »

JEAN BIRNBAUM : C'est l'horizon qui est vendu aux jeunes, en tout cas, dans les pubs, sur Internet, à longueur de télé. Mais si tu ne veux pas te laisser écraser par tout ça, étouffer par l'argent, les gadgets, la consommation, il faut autre chose.

« Autre chose », ça me rappelle une anecdote. Y avait un journal, révolutionnaire, dans les années 1990, qui s'appelait justement *Autre Chose*. Les contributeurs devaient voter pour trouver le titre, y avait toute une série de noms, *L'Avant-garde*, etc., et les gens cochaient tous la dernière case : « autre chose », parce qu'aucun nom ne leur plaisait. Et donc le plus de voix, c'était « autre chose ». « Bah, pourquoi on ne choisirait pas *Autre Chose* ? » ils ont conclu. Il me semble que c'était un super titre. Si tu n'arrives pas à imposer un autre horizon que l'argent, un « autre chose »...

Je suis convaincu de cela : que dans Nuit debout, que chez les Gilets jaunes, que dans les Jeunes pour le climat, que chez les BlackLives-Matters, que tous les mouvements récents sont hantés par ça, par ce désir d'« autre chose ». Par l'horizon étroit, désespérant, qui nous est offert. Par un au-delà de l'iPhone 11 et de la 6G...

Autre chose, un autre « progrès » : non plus technique, pour demain, mais humain.

Avec la 5G, quel sera le progrès pour l'emploi ? Pour chez soi ? Le progrès pour les travailleurs ? Le progrès pour les cœurs ? Quelles seront les finalités ? Pour bâtir quelle société ? En quoi cette avancée technologique portera-t-elle un progrès humain ?

De tout cela, rien n'est discuté, justifié.

Qu'importe, également, en moins métaphysique, le rapport du Haut Conseil pour le climat, qui sonne l'alerte : « la 5G ajoutera entre 2,7 et 6,7 mégatonnes équivalent CO_2 », notamment par « le renouvellement anticipé des appareils (smartphones, tablettes et autres objets connectés) ».

Qu'importe le dissentiment des Français qui rejette la « smart home », l'« accélération », qui, de façon générale, et plus floue, applaudissent l'utopie écologique (55 %), devant l'utopie sécuritaire (31 %). Quant au modèle technologique libéral, celui partout promu, pourtant vanté, il est écrasé (14 %).

Qu'importe, enfin, la Convention citoyenne, ses demandes de « moratoire », de « consultation », d'« évaluation » : la démocratie prend du temps, et le temps c'est de l'argent.

Le Jupiter de l'Élysée et le Capital-Prométhée avancent, sans douter, sans hésiter, sans trembler.

On n'arrête pas leur Progrès.

On ne le ralentit même pas.

On l'accélère !

Et une conviction se fait jour, de notre côté, s'installe, s'affermit en certitude : quelle est cette « course » que prônent nos gouvernants ? C'est une fuite en avant. C'est une course aveugle, au néant, à notre anéantissement...

... ET LE NÔTRE

Prométhée vivant

23.

J'en étais là, donc : contre Prométhée, contre les pères, contre cet héritage de toute-puissance.

Et voilà que, durant cet été, par curiosité, je lis Eschyle, son *Prométhée enchaîné*. Cette œuvre m'a retourné, comme on le dirait d'un espion : je suis devenu l'ami du Titan.

Mais c'est qu'on nous a menti sur lui ! On nous a trompés sur son compte ! On l'a enrôlé, presque malgré lui, comme un emblème, dans leurs croisades technicistes.

Jugez-en.

24.

La pièce s'ouvre sur Héphaïstos, le dieu du feu et de la forge, chargé par Zeus de sceller Prométhée à son rocher, sur le mont Caucase. L'artisan râle : c'est vraiment un sale boulot qu'on lui a confié là, le bourreau est plein de compassion…

> HÉPHAÏSTOS
> Ah, je n'ai pas le courage d'enchaîner de force, un frère,
> Un dieu, à ce ravin glacé.
> Mais il me faut prendre sur moi et le faire.
> Malgré toi, malgré moi, je m'en vais te clouer
> Par ces chaînes de bronze à ce pic loin des hommes,
> Où tu n'entendras la voix, où tu ne verras le visage d'aucun mortel ;
> Il n'est pas né, celui qui te délivrera.
> Voilà ce que tu as gagné à jouer les amis de l'humanité.
> Debout, sans dormir, sans plier les genoux.
> Combien de lamentations, tu lanceras,
> Combien de plaintes inutiles tu feras résonner !
> Zeus a un cœur inflexible.
> On manque d'indulgence, on est terribles,
> Quand on vient de prendre le pouvoir.

Voilà de quoi est emplie l'œuvre, dès les premières lignes, et jusqu'aux dernières : de pitié.

Comme Héphaïstos traîne du pied, il est rappelé à l'ordre, en une scène à la fois tragique et comique :

LE POUVOIR

Eh bien ! À quoi bon tarder ? Tu t'apitoies pour rien !
C'est l'ennemi numéro 1 des dieux, et tu ne le hais pas ?
Lui qui a livré aux mortels ton privilège, le feu ?

HÉPHAÏSTOS

Toi, tu n'éprouves jamais de pitié,
Et tu es prêt à tout.

LE POUVOIR

Pleurer sur son sort ne va pas le soulager.

HÉPHAÏSTOS

Ah ! si mon savoir avait pu tomber entre d'autres mains !

LE POUVOIR

Tu vas te dépêcher ? Enchaîne-le.
Sinon, ton père va voir que tu traînes.

HÉPHAÏSTOS

Mais... Il peut voir que je tiens les chaînes.

LE POUVOIR

Passe-les autour de ses bras, et de toute ta force
Frappe avec ton marteau, cloue-le à ce rocher !

Héphaïstos
Oui, oui, ça vient. Le travail avance.

Le Pouvoir
Cogne plus fort, serre bien, ne relâche pas !
Car il est terrible : même à l'impossible il trouve un chemin.

Héphaïstos
Voilà un bras de fixé, que personne ne pourra détacher.

Le Pouvoir
Maintenant, ce coin d'acier, enfonce-le dans sa poitrine !
Allez, traverse-le ! Mets-y du cœur !

Héphaïstos
Ah, Prométhée, ah, je gémis devant tes épreuves...

C'est au tour de Prométhée d'expliquer son cas, et il l'explique au chœur des Océanides. Dans la tragédie grecque, le chœur représente le peuple, le peuple rassemblé dans l'amphithéâtre et présent sur scène, débattant d'une question, s'interrogeant, hésitant. D'emblée, sans rechigner, Prométhée avoue ses crimes : « Oui oui, c'est vrai, j'ai donné le feu... oui oui, j'ai imprégné les hommes d'aveugles espérances… oui, oui, je leur ai enseigné bien des savoirs… »

Puis il éclaircit le motif de ces cadeaux :

> J'ai éprouvé de la pitié pour les hommes,
> Mais moi on a jugé que je n'en méritais pas…

C'est par pitié, qu'il a agi.

C'est la pitié que Zeus lui refuse.

Et il ajoute :

> Je savais quel serait mon destin.
> J'ai volontairement,
> Oui, volontairement, commis cette faute,
> Je ne le nierai pas.
> J'ai moi-même, en aidant les mortels, fabriqué mon malheur.

Et en effet, « Prométhée », étymologiquement, signifie le « Prévoyant », celui qui voit à l'avance. Bien que devinant ses peines, il n'a pu s'en empêcher, par bonté.

> Il supplie alors les Océanides :
> Atterrissez pour écouter mes souffrances,
> Vous apprendrez tout, d'un bout à l'autre.
> Dites-moi oui ! Dites-moi oui !
> Ayez pitié d'un être qui souffre !

Dans leur errance, les chagrins
Se posent ici ou là, sur l'un ou l'autre.

Car parler, raconter son malheur, le partager par les mots, même avant la psychanalyse, même avant les groupes de parole, allège le fardeau. Il livre alors son récit, et désolé, désolé, mais je suis trop amoureux de ce texte, de ce personnage, pour ne pas tout recopier :

Écoutez la détresse des mortels,
Ce n'étaient que des enfants.
J'en ai fait des êtres de raison, maîtres de leur esprit.
Je ne veux pas les rabaisser, en vous le disant,
Mais vous montrer, par ces dons, à quel point je les aimais.
Avant, ils regardaient pour rien, sans voir,
Ils écoutaient sans entendre, sans comprendre,
Comme flottant dans des rêves,
Toute leur vie, ils embrouillaient tout,
Sans voir où ils allaient,
Ils ne connaissaient ni les maisons aux briques séchées,
Ni le travail du bois,
Non, ils vivaient sous la terre comme des fourmis,
Tout au fond de cavernes et sans voir le soleil.
Ils ne savaient pas reconnaître l'hiver,
Ni le printemps plein de fleurs, ni l'été fécond,

Ils faisaient tout sans y penser,
Jusqu'à ce que je leur enseigne,
Ce qui n'est pas facile,
La façon dont se lèvent et se couchent les astres.
J'ai inventé pour eux la science des nombres,
La plus importante,
Et celle des lettres qu'on assemble,
Et la mémoire, qui ouvre la porte des arts.
Moi le premier, j'ai mis un joug aux bêtes,
J'ai soumis leur corps au harnais,
Pour leur faire accomplir, à la place des hommes,
Les labeurs les plus durs,
J'ai conduit des chevaux dociles attelés à un char,
un luxe formidable.
Et les bateaux qui vagabondent sur les mers,
Avec leurs ailes de lin,
Qui d'autre que moi les a imaginés !
Et après toutes ces inventions au service des mortels,
Me voilà, misérable, sans un moyen
Pour échapper aux souffrances qui m'accablent.

Et de lancer avec orgueil, quand même :

Tous les arts, chez les hommes, viennent de Prométhée.

Lui se soucie un peu trop des hommes et pas assez des dieux, lui fait remarquer le chœur :

> De nouveaux maîtres ont pris le pouvoir sur l'Olympe.
> Zeus impose de nouvelles lois,
> Il gouverne comme bon lui semble,
> Sans respect ni du droit, ni des coutumes,
> Il ne s'arrêtera pas avant d'avoir rassasié son cœur.
> À moins qu'un autre ne lutte, et ne s'empare de l'imprenable : le pouvoir.

Et Prométhée conclut, à demi fataliste, taisant sa rébellion :

> Je sais que Zeus est cruel et que sa justice est arbitraire.

Après cela, dites-moi : comment ne pas aimer Prométhée, ce Christ avant l'heure, crucifié et prenant le parti des petits ? Comment n'être pas converti ?

Encore faut-il préciser de quel Prométhée il s'agit…

25.

Que font les Titans, normalement ? Que font les dieux ? Que fait Jupiter ? Ils jettent des éclairs dans le ciel, soulèvent des montagnes et des tempêtes, font trembler la terre et les étoiles, ils se livrent une guerre terrible en des spectacles prodigieux...

Que fait Prométhée, lui ? Il fait le choix des faibles. Il se met du côté des vulnérables, des plus vulnérables, qui n'ont pas de griffes, qui n'ont pas de crocs, qui ne courent pas assez vite, qui ne sont pas assez forts. Et il se dit : « Mais bon sang, il faut quand même que, par pitié, je les sauve. » Voilà le choix de Prométhée. Et comment le fait-il ? En apportant aux hommes, pas seulement le feu, mais surtout la conscience, l'intelligence, la connaissance.

Qui est, finalement, le moins « prométhéen » des Titans ? Prométhée. Lui n'a rien de « titanesque », de « gigantesque », de « colossal », lui qui vient au secours des « fourmis » humaines. Sa grandeur, ce ne sont pas les grandes choses, mais au contraire : son attention pour les petits, pour les minuscules, invisibles depuis l'Olympe.

L'adjectif « prométhéen » porte alors un absolu contresens : être « prométhéen », en vérité, c'est défendre les plus fragiles. C'est s'élever à la pitié, ainsi définie par *Le Petit Robert* : « 1. Sympathie qui naît de la connaissance des souffrances d'autrui et qui fait souhaiter qu'elles soient soulagées. »

Cette pitié a pris, à l'ère moderne, un sens péjoratif : « 2. Sentiment de commisération accompagné d'appréciation défavorable ou de mépris. » Aussi peut-on, avec le Milan Kundera de *L'Insoutenable Légèreté de l'être*, lui préférer le mot « compassion », dont l'écrivain fait le « sentiment suprême » :

« Toutes les langues issues du latin forment le mot compassion avec le préfixe "com" et la racine "passion" qui, originellement signifie "souffrance". Dans d'autres langues, par exemple en tchèque, en polonais, en allemand, en suédois, ce mot se traduit par un substantif formé avec un préfixe équivalent suivi du mot "sentiment" (en tchèque : *sou-cit* ; en polonais : *wspol-czucie* ; en allemand : *Mit-gefühl* ; en suédois : *med-känsla*).

Dans les langues dérivées du latin le mot compassion signifie que l'on ne peut regarder d'un cœur froid la souffrance d'autrui ; autrement dit : on a de la sympathie pour celui qui souffre. Un autre mot, qui a à peu près le même sens, "pitié" (en anglais *pity* ; en italien *pieta*, etc.), suggère même une sorte d'indulgence envers l'être souffrant. Avoir de la pitié pour une femme, c'est être mieux loti qu'elle, c'est s'incliner, s'abaisser jusqu'à elle.

C'est pourquoi le mot "compassion" inspire généralement la méfiance ; il désigne un sentiment considéré comme de second ordre qui n'a pas grand-chose à voir avec l'amour. Aimer quelqu'un par compassion, ce n'est pas l'aimer vraiment.

Dans les langues qui forment le mot "compassion" non pas avec la racine *passio*, "souffrance", mais avec le substantif "sentiment", le mot est employé à peu près dans le même sens, mais on peut difficilement dire qu'il désigne un sentiment mauvais ou médiocre. La force secrète de son étymologie baigne le mot d'une autre lumière et lui donne un sens plus large : avoir de la compassion (co-sentiment), c'est pouvoir vivre avec l'autre son malheur mais aussi sentir avec lui n'importe quel autre sentiment : la joie, l'angoisse, le bonheur, la douleur. Cette compassion-là (au sens du *soucit*, *wspolczucie*, *Mitgefühl*, *medkänsla*) désigne donc la plus haute capacité d'imagination affective, l'art de la télépathie des émotions. Dans la hiérarchie des sentiments, c'est le sentiment suprême. »

26.

Que serait, alors, le progrès ? Que serait « porter la France aux frontières de l'Humanité », au sens de notre Prométhée redécouvert ? Est-ce se rendre sur Mars ? Multiplier les missions interstellaires ? Ne sent-on pas que l'humanité, la véritable humanité, sans majuscule, elle est plus proche de nous, en nous peut-être, et que c'est elle qui est aujourd'hui en danger ?

Avant de devenir mon assistante, puis de voler vers d'autres horizons, Brigitte travaillait dans un Ehpad, qu'elle surnommait à regret « l'usine à vieux ». À trois aides-soignantes, elles s'occupaient, tant bien que mal, de quatre-vingt-cinq pensionnaires, tel le lapin d'Alice au pays des merveilles, « pas le temps... pas le temps... », courant d'une chambre à l'autre, lavant à la chaîne, nourrissant en série.

Une anecdote m'a marqué : « On a un couple de vieux. La femme a fait un AVC, elle est en fauteuil roulant, et elle souffre de crises d'angoisse. La seule manière de la calmer, c'est son mari, il n'y a que lui qui puisse l'apaiser. Or, là, son mari a attrapé la gastro, donc on l'a mis à un autre étage pour éviter la contagion. La dame appelle au secours, elle est dans le couloir à crier : "Mon biquet ! Mon biquet ! Où tu es passé, mon biquet !" Ça peut paraître drôle, comme ça, mais il faut l'entendre avec sa voix, complètement désespérée : "Mon biquet ! Au secours, mon biquet !" J'aurais un peu de temps, je lui mettrais un masque, je l'emmènerais à l'étage, pour qu'elle voie son mari, ça l'apaiserait. Mais non, là, je cours, je cours, je ne peux pas perdre une demi-heure. Alors, elle pleure toujours : "Mon biquet ! Mon biquet !" »

En écoutant cette anecdote, je l'ai interrogée :

« Et vous arrivez à travailler malgré ces cris ? Vous ne culpabilisez pas ?

– On met en place des mécanismes de défense », elle m'a rassuré.

Mais en vérité, ça ne me rassurait pas du tout, ces « mécanismes de défense ».

Ça m'inquiétait, au contraire.

Car des mécanismes de défense, soit, mais contre quoi ? Contre le meilleur de nous-mêmes, contre la tendresse, contre l'empathie, contre la pitié. Il faut s'entraîner à l'indifférence. Tenir la compassion à distance. S'assécher l'âme. Geler en soi l'humanité. Rendre notre cœur sourd à une vieille dame qui, pleine d'angoisse, hurle : « Mon biquet ! Mon biquet ! » Il faut ça, il faut cette sécheresse, pour que le système fonctionne. Pour que les toilettes, les repas, les médicaments s'enchaînent. Pour que les tâches soient remplies, au fil d'une journée chronométrée. L'humain, dans tout ça, c'est une nuisance. Du temps perdu. Des complications.

Imagine-t-on la tension, le conflit chez Brigitte, et chez les milliers de Brigitte du pays ? Pourquoi se sont-elles tournées vers le soin ? Pour soigner. Par tendresse, par empathie, par compassion justement. Et c'est cette part d'elles-mêmes qu'il leur faut taire. Qu'il leur faut écraser. Un jour, les « défenses » cèdent. Et c'est comme un barrage qui rompt, comme une digue qui s'effondre. C'est le grand craquage. C'est le burn-out, qui fait des ravages dans ces métiers du soin. Pas seulement à cause du surmenage. Non, pas seulement, c'est à cause du sens, d'abord, du sens de son travail. Ce n'est pas rien, le travail. On y livre ses meilleures énergies. On y fait un don de soi. On y offre son temps. Alors, si c'est pour, à l'arrivée, le bâcler, ce travail, le sens se perd, il s'effiloche, surgit devant soi un immense « à quoi bon ? ». Ou pire, même : quitter sa journée de boulot avec ce goût amer, ce dégoût en fait, d'avoir maltraité les vieux, à force de les secouer pour la toilette, de les presser pour les repas, de les abandonner sur la cuvette...

Cette souffrance sociale, ordinaire, banale, appartient au paysage. Même sous notre nez, on ne l'aperçoit plus : « J'habite Les Mureaux, me racontait Fofana, femme de ménage à l'Assemblée. Je me lève à 4 heures, je prends le bus à 4 h 53, il m'amène à la gare à 5 h 03, là en principe j'arrive à Saint-Lazare à 6 h 10. Mais souvent, le train est en retard. Des fois, je pleure. Ensuite, après le travail, je retourne à 9 h 07...

– Donc, vous venez pour trois heures ?

– C'est ça. Depuis 1993.

– Vous faites tout ça pour trente euros ?

– Voilà. On n'a pas le choix. »

Ça, dans un palais où les députés touchent leurs 5 148,77 euros d'indemnités... Mais les hôpitaux, les universités, les plateaux de télé, les CAF, les banques, toutes les entreprises, toutes les institutions du pays, presque, sont nettoyées ainsi. Cette injustice, évidente, criante, on la tolère, on s'y habitue.

« Monsieur le député, vous savez que le ministère a baissé de moitié les fonds sociaux pour les collèges ? » C'est Guillemette Quiquempois, la mère de ma suppléante, assistante sociale à l'Éducation nationale, qui m'interpellait ainsi lors d'une manif. Confus, je lui confiais mon ignorance : non, je n'avais pas vu passer le dossier. Mais en effet, la « dotation fonds sociaux » était bien passée de 59 millions en 2019 à 30 en 2020. La moitié sabrée d'un coup, donc. « À quoi servent ces sommes ? l'ai-je interrogée.

– La priorité, c'est que tous les élèves aient un cartable bien rempli avec toutes les fournitures, cahiers, crayons. Il y a la vêture, aussi, des manteaux en hiver, les tenues de sport... Ça permet aussi de payer la cantine, pour que les enfants puissent manger le midi. C'est parfois le seul vrai repas qu'ils prennent dans la journée... » Elle exerce au collège Arthur-Rimbaud, à Amiens-Nord. Là où est scolarisé mon fils, également :

« Ce printemps, un voyage est prévu en Écosse, non ? je me renseigne.

– Oui, avec 300 euros à verser par les parents. Pour des familles précaires, c'est énorme.

– Tous les enfants vont partir ?

– Non, pas du tout. Par exemple, je recevais l'autre jour une maman qui a trois enfants, tous les trois au collège. Parce que les fonds sont limités, il a fallu choisir qui partirait, qui ne partirait pas. C'est inadmissible. »

Que serait le progrès, que serait une politique digne de Prométhée ? Ce n'est pas, seulement, de « souhaiter que ces souffrances soient soulagées », c'est d'œuvrer pour qu'elles le soient. Imparfaitement, c'est certain : le malheur fait partie de la condition humaine, la maladie et la mort ne seront jamais chassées, des accidents surviendront, le désespoir, l'injustice, l'amour, la mélancolie, voire la folie rongeront les cœurs, la certitude de l'absurde hantera des nuits, et je dirais presque, tant mieux, tant mieux, c'est la vie aussi.

Mais quelle est la seule fin qui, ensemble, mérite d'être poursuivie ? C'est de limiter ce malheur, au mieux, ou au moins pire. C'est de rendre possible le bonheur, « la poursuite du bonheur », comme l'énonce la Constitution américaine, c'est d'organiser la société pour que Brigitte, et Fofana, et tous les collégiens d'Arthur-Rimbaud, en aient leur part. C'est de corriger l'ordre social, ou de le bouleverser, selon les options.

27.

« Il y a une bataille de l'imaginaire : qu'est-ce que la modernité ? »

C'est le journaliste et sociologue Pierre Rimbert qui, auditionné pour ma mission « Métiers des liens », s'interrogeait ainsi.

PIERRE RIMBERT : Aujourd'hui quand on dit « modernité », on pense aux nouvelles technologies, un secteur qui emploie 85 % d'hommes, ou à la finance, 88 % d'hommes. Or, l'éducation, le soin, prendre soin des vieux, des jeunes, c'est une forme, quand on regarde l'histoire longue, de modernité, qui est tout à fait unique dans l'histoire des civilisations... Et pourtant, la modernité, dans nos imaginaires, c'est Facebook, et pas l'État social qui s'est instauré depuis quatre-vingts ans, on ne pense pas aux auxiliaires de vie, aux assistantes maternelles, aux aides-soignantes...

Quand vous regardez la liste, aux États-Unis, des dix métiers pour l'avenir, vous avez une partie d'hommes qui installent des panneaux solaires, des programmeurs informatiques, et puis viennent des massothérapeutes, des femmes qui s'occupent des enfants, des femmes qui s'occupent des vieux, etc. La modernité est tellement incarnée par la technologie, si peu par l'humain, qu'on n'aperçoit pas le mouvement en cours. Ça fait vingt ans qu'on répète : « l'État social est en train de disparaître », etc., et certes, des politiques lui sont contraires. Pourtant, les budgets sociaux augmentent, les métiers que vous citez sont en train d'exploser. Le paradoxe, c'est que l'État social se renforce, mais par le bas et dans le privé : par des associations, des sous-traitants, des auto-entreprises, avec des bas salaires et des temps partiels. C'est vrai jusque dans l'hôpital : l'aide-soignante a remplacé l'infirmière, qui au quotidien a quasiment remplacé le médecin. Qui remplace l'aide-soignante ? L'ASH, l'agent spécialisé. Et la femme de ménage, elle, est sous-traitée au privé. Donc, à la fois l'État social croît et, en même temps, ces métiers font l'objet de restrictions de coûts, d'externalisation...

Donc, il faut changer cet imaginaire de la modernité : c'est le professeur, pas la téléconférence.

Au sortir de la guerre, gaullistes et communistes, pour accélérer la production, avaient fabriqué une mythologie du mineur de charbon. Eh bien, aujourd'hui, la puissance publique devrait accompagner la montée de ces métiers avec le même effort culturel...

F.R. : Vous voulez dire que, aujourd'hui, ces métiers du lien croissent, mais presque malgré la société, en catimini, comme une honte ? Alors que ça devrait être une fierté ?

P.R. : Tout à fait. Quand on parle de « transition écologique », les héros de cette transition sont des héroïnes.

Ce sont des femmes qui rendent la société vivable. Elles sont les nouveaux mineurs de fond, qui produisent des services vitaux de la société...

Ainsi, quelle est la gloire des Trente Glorieuses ? Davantage, sans doute, que le supermarché et le frigo ?

Jusque-là, la « vieillesse » était, dans les classes populaires, synonyme de misère. On vieillissait... quand on avait la chance de vieillir... on vieillissait en faisant l'aumône, à l'Hôpital ou à la Charité, ou plus souvent encore, aux crochets de ses enfants. Et puis, on le sait : au cœur de la nuit nazie, les résistants ont imaginé un « vaste plan de sécurité sociale ». « La retraite ne doit plus être l'antichambre de la mort », déclare le ministre des Travailleurs, Ambroise Croizat, à la Libération. Il a fallu une génération, mais au milieu des années 1970, le « miracle » se produit : le taux de pauvreté des personnes âgées est divisé par quatre, et passe pour la première fois, pour la première fois depuis toujours, sous la moyenne nationale. Une malédiction millénaire est vaincue, vaincue par une mesure politique : la « Sécu ». Et pourquoi, comment ? Parce qu'on a glissé d'une solidarité familiale à une solidarité nationale, à une solidarité sociale. La voilà, la véritable « œuvre prométhéenne » de l'après-guerre !

28.

C'est ce fil de progrès qu'il ne faut pas lâcher, qu'il nous faut renouer.

Et d'abord pour la jeunesse.

« J'ai passé les deux mois de confinement ici.

– Dans ces dix-huit mètres carrés ?

– Oui, j'étais déprimée, mais j'avais trop peur de ramener le virus chez moi. J'ai des proches asthmatiques... »

Amanda, étudiante en langues étrangères, anglais et chinois, est la première de sa famille, père, mère, frère, tout compris, à entrer à l'université. Boursière, presque au grade le plus élevé : 480 euros par mois, 300 euros restants après loyer et APL.

« Pendant l'année, normalement, j'ai deux boulots de baby-sitter. Un le matin, à 7 heures, il faut que je me lève à 5 h 30, que je prenne le bus à 6 h 20, et je suis chez la personne vers 6 h 50. Je dépose le petit garçon à l'école à 8 h 30 et ensuite, soit je vais en cours, soit je reviens ici. Et le soir, entre 16 h 45 et 18 h 45, parfois plus tard. Mais pendant le printemps, forcément, ces petits boulots se sont arrêtés. Heureusement, les profs ont très vite mis sur pied une association qui livrait des colis-repas. Ça a sauvé pas mal de monde.

– Tu veux dire que, sans ça, tu aurais eu du mal à manger ?

– Je compte tout le temps. J'achète pas de viande.

– Tu es végétarienne ?

– Non, pas du tout, mais mon budget courses est contraint.

– Mais ça doit avoir des effets sur tes études, ta santé, même…

– De toute façon, on ne va pas chez le médecin. Il faut avancer 25 euros, c'est une semaine de courses. Une fois, j'avais une énorme gastro, j'étais vraiment très malade. Je suis quand même allée à la fac, sinon ils peuvent signaler mes absences au Crous, et comme je n'ai pas de certificat médical, ils auraient peut-être suspendu ma bourse… Y a qu'une fois, le dentiste, je ne pouvais plus éviter. J'avais une carie qui tournait à la rage de dents. Ça m'a coûté 120 euros. Quand il m'a annoncé le prix, j'ai cru que j'allais mourir. Y avait que 60 euros de remboursés. Heureusement, ma mère a pu me dépanner.

– Tu les vois souvent, tes parents ? Ils t'aident, un peu ?

– Avant, je rentrais chez eux tous les week-ends. C'était quand ils m'aidaient, mais là ils ne peuvent plus, vraiment plus, ils ont eux aussi des galères. Donc, j'y retourne une fois tous les deux mois. Déjà, j'ai mon abonnement au TCL, les bus de Lyon, à payer, c'est 32,50 euros par mois. Mais l'aller-retour chez moi, à Tarare, 11,20 euros avec les réductions, je ne peux pas... »

Depuis l'après-guerre, les statistiques se sont inversées : chez les moins de 30 ans, désormais, le taux de pauvreté est trois fois plus élevé que chez les plus de 65 ans. Et ce, malgré le soutien des parents, des grands-parents : 70 % des jeunes sont aidés financièrement, un peu ou beaucoup, selon les fortunes, les uns qui paient le loyer des enfants pour leurs études (ce fut mon cas), les autres qui sont dépannés d'un sac de courses. Cette solidarité familiale, inégale, ne suffit pas : là encore, il nous faut aller vers une solidarité sociale, une solidarité nationale, rouvrir une espérance pour la jeunesse, et en tirer pour tout le pays une fierté, une respiration vers le futur, plutôt qu'une résignation...

Pas seulement pour lui offrir un « minimum », de quoi gagner sa vie. Mais pour lui permettre, aussi, de lui donner un sens, à sa vie : qu'aux « grands travaux » de Roosevelt répondent, aujourd'hui, les « petits travaux », que l'énergie de la jeunesse, son savoir-faire, son aspiration verte soient stimulés, canalisés pour une espérance, en un grand choc écologique, avec un plan pour l'agriculture, le bâtiment, les transports, que des haies soient replantées, des gares et des rails rénovés, que des conciergeries, des réparateurs d'électronique et de vélos fleurissent dans tous les quartiers des villes, dans tous les cantons des campagnes, qu'on joue du clavecin et de la contrebasse dans les cantines des usines, que Molière et Beaumarchais résonnent dans les halls de la CAF ou du RER, que la fête de la Musique soit tous les jours, que la Culture ne soit pas enfermée dans les musées, qu'on tire tout un peuple de sa morosité, que des rames de métro aux tours des cités, on nous fasse relever le nez de nos portables...

29.

« On ne peut pas continuer à maltraiter les animaux, mais aussi à maltraiter les hommes. Il faut bien le rappeler, ça va ensemble. »

J'ai entendu ça, ce midi, à la radio, lors de ma pause déjeuner. C'est une fermière, Émilie Jeannin, éleveuse de charolais, en Bourgogne je crois, qui déclarait ça.

« Les salariés des abattoirs, on leur demande non seulement de faire des gestes tout le temps, les mêmes, très répétitifs. Mais ce n'est pas n'importe quels gestes qu'ils font, quand même. Ils donnent la mort. Et on ne peut même pas leur accorder de faire des petits rituels. »

Elle milite pour l'abattage à la ferme : « Les éleveurs, on est pas mal à veiller sur nos animaux, je crois, sur leur santé, sur leur alimentation, sur leurs besoins naturels… On fait bien attention durant cinq ans, et sur les dernières heures, nos bêtes vont se tenir debout ? être manipulées brusquement ? transportées sur des centaines de kilomètres ? mélangées à d'autres troupeaux ? avec le stress ? Et nous, on ne peut pas les accompagner. Ça rime à quoi ? Quand j'ai vu la solution mobile en Suède, quand je suis rentrée de là-bas, j'ai dit : “En fait, si on ne peut pas le faire en France, j'arrête d'être éleveuse.” Parce que je ne supporte plus de les emmener dans des abattoirs très loin où, en plus, je ne peux pas voir ce qui s'y passe… »

En avalant mon œuf sur le plat, les larmes me sont montées aux yeux.

On ignore pourquoi, des fois, l'émotion vient comme ça.

À cause de sa voix douce, peut-être, à Émilie Jeannin, énonçant ces choses dures. À cause de cet espoir, qu'elle porte, dans son coin, pour demain. À cause des ouvriers de Graincourt, dans le Pas-de-Calais, qui me revenaient.

Leur usine, du groupe Doux, allait fermer. Piétinant devant l'entrée, entre banderoles et palettes, on causait de leurs inquiétudes, de leur improbable reclassement, des crédits sur le dos et sur l'auto. J'avais une autre question sur les lèvres.

J'hésitais.

Au milieu de ces grands costauds, de ces filles rudes à la peine, ça ferait sentimental. Ça ferait intello des villes face à ces prolos des campagnes.

Avec prudence, mais je me suis jeté : « Excusez-moi, mais les poulets, c'est pas comme de l'acier, non ? Quand vous les voyez, ça vous fait quoi ? »

Il y a eu un blanc, là. Un silence. Un temps d'arrêt.

Ça les interloquait, comme si, en fait, on énonçait un non-dit, un tabou.

Un homme s'est lancé : « La première fois que je suis entré ici, je me suis demandé : "Mon Dieu, où je suis tombé ?" On en fait des cauchemars... Je suis pas le seul. "Tu dormais, m'a raconté ma femme, tu t'es assis dans le lit, et tu parlais des poulets." Qu'on en tue autant, je ne pouvais pas imaginer. Et il faut voir comment ça se passe... »

Tous, toutes, autour de lui, approuvaient.

Même eux, même ces grands costauds, même ces filles rudes à la peine, même eux qui en voyaient défiler des milliers chaque jour, des millions dans leur carrière, de poulets, même eux ne s'étaient pas endurcis. Bien sûr, ils mettaient un mouchoir sur leur âme. Il faut bien. C'est le boulot. Il ne court pas les rues, le boulot. Y a le frigo à remplir, et le gasoil pour l'auto, et le Noël des enfants. Alors, on se construit une carapace, au fil des ans. On s'entraîne à l'indifférence, « des mécanismes de défense » – comme Brigitte. Mais dans un recoin, malgré les efforts, la compassion demeure, la belle compassion, la souffrance de l'autre qui devient un peu la nôtre. L'autre, fût-il une bête. Dans le sommeil de la nuit, comme un geyser qui relâche ses jets, c'est la conscience qui se libère. Et qui crie. Il suffit alors d'une question, une petite question, timide, du bout des lèvres, pour que craque cette carapace d'indifférence.

Que voit-on surgir ? Oui, de la sensibilité, des sentiments. Et ce serait une honte ? Non, c'est une fierté, cette sensibilité, ces sentiments. C'est leur humanité, à ces ouvriers. C'est notre humanité, notre part la plus précieuse.

Je leur ai posé une autre question, tout aussi bizarre, tout aussi incongrue, aux ouvriers :

« Mais est-ce que vous êtes heureux, ici ? »

Des rires m'ont répondu. Une hilarité collective, contenue.

Qui est passée d'un rang à l'autre : « T'as entendu ce qu'il a demandé ? "Est-ce qu'on est heureux, ici ?"

– Il veut rigoler ! On est là pour la paye...

– C'est la chaîne. »

Après la surprise, les remarques ont fusé, en vrac, de Philippe, Sylvie, Virginie, Jean-Luc, sur les salaires au rabais, les courses à Aldi, le découvert à la banque, le zéro formation, leurs souffrances, surtout, les tendinites, les cervicales douloureuses, les sciatiques en série, la surdité qui vient, et à la maltraitance physique, la maltraitance morale, l'irrespect quotidien, les gros mots des petits chefs, le délégué syndical viré, et devant moi des femmes ont pleuré...

Nul n'est heureux.

Ni les ouvriers.

Ni les poulets.

Ni les éleveurs, d'ailleurs.

30.

Après l'usine, dans le même coin, je me suis rendu chez un éleveur de poulets, très gentil, un peu triste, fatigué, qui m'a payé le café. Avec lui, j'ai traversé un immense hangar, totalement vide. Toutes ses volailles avaient crevé, et il m'expliquait simplement : « L'ordinateur a donné l'ordre de chauffer, comme s'il faisait froid. Automatiquement, les bêtes ont été étouffées. En six heures, les poulets étaient comme ébouillantés.

– Y en avait combien ? je lui ai demandé.

– Dix-sept mille. »

C'était finalement un petit incident informatique.

La faute à l'« ordinateur ». Et ensuite, « automatiquement »...

Cette anecdote décrit bien, dans sa banalité, un système inhumain, au sens propre : sans humain.

J'insiste : un système. Un système né dans l'après-guerre, un système qui a fait de l'élevage une industrie, un système qui, aussi, je l'admets, a diminué le coût de la viande. Et comment, dans ce système, nomme-t-on vaches poules cochons ? Du « minerai ». Comme s'il s'agissait d'une matière aussi inerte, aussi insensible, que du charbon. Comme si, jusque dans le vocabulaire, il fallait ramener l'animal à du minéral. Sans doute un « mécanisme de défense », lexical cette fois, contre l'évidente horreur.

Il faut mesurer le paradoxe sur le sujet, la tension qui traverse la société, qui me traverse : s'est développée, chez nous, en nous, une sensibilité pour les animaux, notamment domestiques. Et, en même temps, jamais on ne les a aussi massivement, aussi industriellement maltraités. Alors, avec pareille contradiction, comment le système tient-il ? Grâce à notre lâcheté organisée : nous avons éloigné la mort de nos vies et de nos vues. Les cimetières sont repoussés à l'écart des villes, et les abattoirs avec. Nous avons trouvé mille intermédiaires qui répandent le sang pour nous, puis qui découpent, qui emballent, qui cellophanisent, qui frigorifient, qui packagent, qui marketinneguent. Assez pour qu'on puisse oublier.

Assez pour que, à l'arrivée, ces tranches de jambon, dans notre assiette, on puisse les croire végétales, quasiment, cueillies dans un arbre.

Quel est le lien entre tout ça ? Entre le « Mon biquet ! » de Brigitte et les poulets de Graincourt, entre la chambre d'Amanda et les charolais en Bourgogne, entre le voyage scolaire en Écosse et Fofana à l'Assemblée ?

Aucun.

À quoi sert, alors, cet inventaire à la Prévert ?

Juste à souligner ça : nous ne sommes pas au bout du chemin humain. Devant nous, à l'égard de la nature, des animaux, des hommes, les voies du progrès sont infinies.

31.

En nous, aussi.

Oui, de progrès en nous.

Déjà, avec ma « pitié », je suis cucul la praline, alors autant ne pas s'arrêter au milieu du gué : sommes-nous bons ? Au sens premier : « idée de bonté (milieu X^e). Qui veut du bien, qui fait du bien à autrui ». C'est un signe de l'époque, déjà, il me semble, que « bonté », comme « pitié », soit devenu ridicule, ait pris un sens péjoratif – d'après *Le Petit Robert*, toujours : « bonasse, faible ».

Alors, est-ce que je fais du bien à autrui, à mes parents, à mes cousins, à mes voisins, aux inconnus ? Est-ce que je passe voir un ami à l'hôpital ?

Est-ce que je trouve les paroles, est-ce que je les cherche, pour réconforter Magalie dont la mère est malade ? Est-ce que, sur le chemin, je ramasse le masque usagé ? Ou est-ce que « c'est pas mon boulot, y a des gens payés pour ça » ? Est-ce que, comme dans la chanson d'Enzo,

> Je dis « Bonjour » à la boulangère, je tiens la porte à la vieille dame
> Des fleurs pour la fête des Mères et ce week-end à Amsterdam ?

Est-ce que je suis

> Juste quelqu'un de bien
> Quelqu'un de bien
> Le cœur à portée de main
> Juste quelqu'un de bien
> Sans grand destin ?

Ou même, est-ce que je le refuse, d'être « juste » quelqu'un de bien ? Est-ce que ça interdit un « grand destin » ? Est-ce qu'il faut choisir ? Est-ce que, plein de mots gentils que je ne dis pas, plein de gestes sympas que je ne fais pas, c'est parce que je suis trop pressé ? Parce que je me sens envahi dans ma vie ? Parce que je tiens à me protéger ? Ou parce que, au fond, cette solitude, cette fermeture sont dans mon tempérament ?

Évidemment, éminemment, j'évoque là des qualités personnelles, individuelles. Mais la réponse est aussi collective : la société est-elle organisée pour la bonté ?

« On fait on fait on fait on fait pendant douze heures, témoigne Linda, infirmière en unité Covid à l'hôpital d'Abbeville. Quand je sors, pourtant, quand je repars chez moi, je n'ai pas l'impression d'avoir donné tout ce que j'aurais pu. Parce qu'il faut aller voir les patients, il faut parler avec eux, il faut leur proposer même un verre d'eau, il faut prendre en compte que c'est des humains quoi ! Eh bien, quand on court pendant douze heures, c'est compliqué. »

C'est une crise sanitaire, certes, et cette soignante est « en première ligne ». Mais qui n'en dirait pas autant pour sa vie ? « Quand on court pendant douze heures, c'est compliqué », oui, c'est compliqué, quand on court entre la crèche, l'école, le travail, le supermarché, c'est compliqué, le temps presse et, dans le stress, la première chose qui s'assèche, c'est la tendresse, les petites attentions qui disparaissent, le temps du soin, le temps du lien.

– Bonjour, dit le renard.

– Viens jouer avec moi, lui proposa le petit prince. Je suis tellement triste…

– Je ne puis pas jouer avec toi, dit le renard. Je ne suis pas apprivoisé.
– Ah ! pardon, fit le petit prince.
Mais, après réflexion, il ajouta :
– Qu'est-ce que signifie « apprivoiser » ?
– C'est une chose trop oubliée, dit le renard. Ça signifie « créer des liens… » S'il te plaît… apprivoise-moi !
– Je veux bien, répondit le petit prince, mais je n'ai pas beaucoup de temps. J'ai des amis à découvrir et beaucoup de choses à connaître.
– On ne connaît que les choses que l'on apprivoise, dit le renard. Les hommes n'ont plus le temps de rien connaître. Ils achètent des choses toutes faites chez les marchands. Mais comme il n'existe point de marchands d'amis, les hommes n'ont plus d'amis. Si tu veux un ami, apprivoise-moi !
– Que faut-il faire ? dit le petit prince.
– Il faut être très patient, répondit le renard. Tu t'assoiras d'abord un peu loin de moi, comme ça, dans l'herbe. Je te regarderai du coin de l'œil et tu ne diras rien. Le langage est source de malentendus. Mais, chaque jour, tu pourras t'asseoir un peu plus près…

Massivement, je l'ai dit, les Français « aspirent à ralentir », trouvent que « le monde va trop vite », qu'ils « manquent de temps dans leur journée », mais à quoi le consacreraient-ils, ce temps ? À leurs proches (73 %), c'est-à-dire aux liens, aux soins. Voilà leur premier « manque », disent-ils, qui arrive loin devant la cuisine ou le jardinage.

> Nous prendrons le temps de vivre
> D'être libres, mon amour
> Sans projets et sans habitudes
> Nous pourrons rêver notre vie,

comme le chantait Moustaki.

Prendre le temps, retrouver le temps, se donner le temps : c'est l'autre fil du progrès qu'il nous faut renouer. Nous devons sortir nos vies, des parcelles de nos vies, d'une emprise de la marchandise, à fabriquer, à acheter.

C'est un impératif écologique, mais aussi humaniste : le tourbillon du « Produire plus, pour consommer plus, pour produire plus, pour consommer plus » mène les hommes à l'usure, et la planète droit dans le mur.

32.

« Je voudrais partir de cette découverte étonnante : l'amitié nous maintient en forme. Cent cinquante études différentes l'ont démontré :

avoir des amis, pour l'espérance de vie, c'est au moins aussi important que de fumer ou non. »

J'admire l'épidémiologiste anglais Richard Wilkinson, auteur de *Pourquoi l'égalité est meilleure pour tous*. Son immense travail statistique, avec ses cohortes, ses graphiques, parle, bizarrement, de notre intimité.

RICHARD WILKINSON : Par exemple, on a mis des gouttes dans le nez, à des volontaires, avec dedans le virus du rhume. Les gens qui ont peu d'amis ont quatre fois plus de chances de l'attraper, à âge égal, sexe équivalent, etc. Ou encore, on fait des petites blessures, sur le dos de la main, à des volontaires, et on mesure à quelle vitesse vous guérissez : si vous avez des mauvaises relations avec votre compagne, ou votre compagnon, vous allez guérir plus lentement. Pourquoi ? Parce que les amis, ou votre compagne, vous offrent un sentiment de confort. Ils vous connaissent, ils vous apprécient, ils vous acceptent comme vous êtes, vous n'allez pas être jugés par eux. Bref, allégés de cette menace d'évaluation sociale, sans inquiétude sur votre perte de statut, vous disposez de davantage d'énergie pour vos défenses immunitaires.

Or, c'est toute la vie communautaire qui est affectée par les inégalités, qui en est malade. Là encore, les études convergent : dans les pays inégalitaires, la confiance dans les autres disparaît. Le politologue Eric Uslaner, de l'université du Maryland, a ainsi mesuré le niveau de confiance, le « pourcentage de personnes à qui l'on peut se fier », aux États-Unis, entre 1960 et 1998, donc sur une période où les inégalités ont crû rapidement. On peut aussi citer « L'enquête sur les valeurs », qui permet une comparaison au niveau international. Plus les inégalités sont fortes, plus la défiance l'emporte, l'engagement dans la communauté décline, tout comme la réciprocité, l'envie d'aider les autres. On doit d'abord prendre soin de soi-même, se débrouiller pour arracher sa part du gâteau.

F.R. : Et par exemple, l'auto-stop se raréfie.

R.W. : C'est une conséquence, parmi des milliers, et chacun peut voir la trace de ces transformations dans sa vie. La méfiance s'installe, la bienveillance entre les semblables s'éclipse...

F.R. : Peut-être parce que, « semblables », nous ne le sommes plus tant que ça...

R.W. : Absolument. Des fossés se creusent, au-dessus de nous, en dessous de nous, avec des écarts de statut, quant aux revenus, quant aux études, quant à l'emploi. Or, c'est une loi générale : nous avons tendance à choisir nos amis parmi nos « quasi-égaux », et à ne pas montrer trop d'intérêt pour ceux qui sont plus riches ou plus pauvres...

F.R. : « Qui se ressemble, s'assemble », dit un dicton français.

R.W. : Voilà. Mais les inégalités, qui accentuent les différences, fabriquent des « dissemblables », diminuent notre capacité d'empathie.

Puisque vous êtes français, c'est une inspiration, tout ça, qui est présente depuis votre Révolution : « Liberté, égalité, fraternité », la formule en dit long, la fraternité n'est possible qu'avec l'égalité pour clé de voûte. Et les premiers socialistes l'avaient bien deviné : l'inégalité matérielle entrave l'harmonie humaine, une camaraderie plus universelle. Leur intuition était la bonne. Les données que nous rassemblons ne font que le confirmer : l'inégalité engendre la division.

Voilà le progrès, l'humanité qu'il faut soigner, proche de nous, en nous : ce sont les liens, la confiance, c'est la peur des autres et de soi-même, c'est la honte qui s'installe, c'est l'inquiétude des lendemains, c'est le voisin regardé de travers, c'est le collègue qui se renferme. N'est-ce pas cette humanité, d'abord, qu'on sent blessée ? N'est-ce pas là-dessus, avant tout, qu'on doit « dépasser les possibles » ?

Et c'est politique, c'est une politique prométhéenne, c'est la politique suprême : qui encourage la bonté.

33.

Quel retournement, quand même ! Quelle récupération, quand on y songe ! Faire de Prométhée, « notre » Prométhée désormais, l'allié des humbles fourmis, en faire depuis des siècles l'apanage de tous les mégalos, de toutes les couleurs de béton, de tous les bâtisseurs d'empire ! Ils en font le modèle de leur *hybris*, de leur démesure ! C'est derrière sa figure qu'ils se rangent pour refuser toute limite...

« Mon but ultime n'est ni le Web ni le e-commerce, mais la colonisation du système solaire », car « bientôt la Terre sera trop petite pour l'humanité ». C'est le patron de Tesla et Space X, Elon Musk, qui prépare notre exil sur Mars. Comme s'il n'y avait pas assez à faire, ici-bas. « Nous sommes déjà des cyborgs », nous prévient-il aussi. Lui recommande de se doper l'intelligence à la neurotechnologie rapidement, avec des implants d'interfaces, sans quoi : « Les ordinateurs sont déjà beaucoup plus intelligents que les humains sous de nombreux aspects. Aussi, les machines risquent de nous snober, de s'impatienter face à la lenteur cérébrale des humains, elles pourraient nous considérer comme des êtres stupides. Ce sera comme parler à un arbre. »

Sans doute pour l'adapter à cet avenir, s'affranchissant des prénoms ordinaires, il l'a baptisé « X Æ A-XII ».

Lui n'est pas un original, un cas isolé : les champions du « transhumanisme » sont légion en Californie, avec comme figures de proue Larry Page et Sergey Brin, les cofondateurs de Google, Paul Allen, de Microsoft, Larry Ellison, patron d'Oracle, Mark Zuckerberg, Facebook, Peter Thiel... Leur but ? « Tuer la mort », ou plus modestement : « vivre mille ans ». Même si ça commence par un côté artisan, bricoleur : se faire injecter du sang de jeunes pour gagner en longévité...

Une façon, pour ces « hecto-milliardaires », d'échapper à la commune humanité.

Une évasion qu'ils préparent plus concrètement encore : Peter Thiel et ses camarades de la Silicon Valley achètent des ranchs en Nouvelle-Zélande, pour s'y réfugier, un exil climatique qu'il renomme Utopia, ou bâtissent des îles flottantes.

Et pour sauver la Terre, ils poursuivent le même délire : « asperger la surface des eaux avec du carbonate de calcium, pour que la lumière du soleil soit reflétée », « couvrir l'Arctique de turbines qui pomperaient l'eau pour la faire refroidir plus vite », « construire des "aspirateurs" avec des ventilateurs géants pour capter le CO_2 dans l'air ambiant avant de le stocker », ou alors, construire « un parasol spatial, constitué de milliards de disques superfins et légers en orbite, pour réfléchir la lumière du soleil »...

Toute limite est abolie.

Toutes les limites sont abolies, au nom du Progrès.

Au contraire, le Progrès, c'est d'admettre des limites, de les poser, et de les imposer. C'est de ramener ces Jupiter sur Terre. Et nous avec, qui nous prenons parfois pour des demi-dieux.

Nous avons besoin de limites, elles nous font du bien.

Mon copain Pierre est bipolaire, maniaco-dépressif. Il en a fait un livre, je ne révèle rien. Lorsqu'il part en phase maniaque, qu'il se prend pour Jaurès et croit parler au Christ, qu'il donne des ordres aux pigeons (qui lui obéissent), qu'il ne dort plus une semaine durant, qu'il insulte les policiers et les passants, lorsqu'il met sa vie en danger, il lui faut des murs. Il lui faut les murs de l'hôpital. Il lui faut un cadre, des contraintes, auxquelles se heurter, pour s'apaiser.

C'est notre monde tout entier, ou au moins l'Occident, qui est en phase maniaque, en burn-out, la maladie de l'époque – qui signifie littéralement « griller, se consumer » : nous nous brûlons de l'intérieur, nous consumons et consommons nos forces, et six, huit, douze planètes. Nous avons besoin d'un cadre, de contraintes, de limites.

Suis-je le seul ? Combien de personnes, l'ont ressenti comme moi, le premier confinement ? Comme un soulagement, pas seulement, mais aussi un soulagement. Qu'on vienne m'interdire la bougeotte, qu'on m'empêche de courir dans tous les recoins du pays, qu'on mette en pause une course folle...

Alors que je présentais une proposition de loi « pour limiter les vols intérieurs », ma cheffe de cabinet, sans cesse partie entre l'Italie et les Canaries, me confia : « Tu sais, moi, François, j'ai besoin qu'on me mette une limite, sinon je prends l'avion tous azimuts. Donc, il me faut une contrainte pour accorder mes actes et mes idées. »

Et pour justifier la 5G, que nous disent ses disciples ? « C'est indispensable pour faire face à l'augmentation considérable des besoins en débit. » Mais pourquoi pas, tout simplement, des forfaits limités, plutôt qu'illimités ? Qu'on ne se connecte pas 24 heures sur 24, qu'on ne télécharge pas des vidéos en continu ? Est-ce qu'au fond, de ne pas pouvoir le faire, est-ce que ça ne nous rendrait pas plus libres ? Est-ce qu'on n'en retrouverait pas un usage plus volontaire ?

Oui, je suis partisan de plafonds.

Pour les revenus.

Pour l'avion.

Pour des quotas d'émission.

Pour le numérique, pourquoi pas, à discuter, à penser.

Et je suis, également, partisan de planchers : un salaire pour tous, mille kilomètres de train gratuits, un voyage au long cours assuré durant sa vie, une sécurité de l'alimentation, un accès aux réseaux de télécommunication...

Voilà qui me semblerait un progrès : baisser les plafonds, relever les planchers. Autrement dit, en revenir à plus d'égalité, sans sur-homme et sans sous-homme.

34.

« Je sais que Zeus est cruel et que sa justice est arbitraire. »

Une autre imposture, bien pire, m'apparaît, autour de notre héros :

Prométhée avait sa place confortable à ses côtés, bien au chaud sur l'Olympe, comme conseiller du prince. Il pouvait siroter son nectar tranquille... À la place, il choisit son camp, celui des hommes, celui des faibles. Et il trahit, oui, il trahit Zeus, qui dans la pièce d'Eschyle se révèle une puissance obscure, injuste. C'est un Juste, notre titan, qui cherche la justice, quitte à en payer le prix très fort.

Et voilà que, aujourd'hui, les Zeus de notre temps, les puissances financières, du nucléaire, du e-commerce, osent se réclamer de ce rebelle ? Il serait de leur lignée, à leurs côtés ?

On voit bien l'intérêt, pour eux, pour les empereurs de la téléphonie, de la technologie, de revendiquer Prométhée : être à la fois le pouvoir et le contre-pouvoir, l'ordre technique, économique, implacable, et avoir, en plus, comme supplément d'âme, l'image du révolté. Être la plus nantie des oligarchies et prétendre à la « Révolution », fût-elle de la 5G...

Mais Prométhée, au contraire, c'est l'esprit debout qui leur dit non. Même enchaîné, même supplicié, il dit encore non à Zeus.

Qui serait Prométhée, aujourd'hui ?

Comme figures dignes de lui, qui lui ressemblent, je songe aux lanceurs d'alerte. Depuis l'Olympe des multinationales, des sièges sociaux, ils assistent à l'injustice, et ils se font passeurs, à leur tour, ils volent des connaissances qu'ils livrent aux humains.

C'est Antoine Deltour pour les LuxLeaks, qui mettent en cause les dieux Apple, Amazon, Heinz, Pepsi, Ikea, Deutsche Bank. C'est Hervé Falciani pour les SwissLeaks, avec des chefs d'État impliqués, des sportifs, des artistes, des financiers du terrorisme, des trafiquants de drogue, d'armes. C'est Chelsea Manning, qui exfiltre les documents de l'armée américaine, prouvant les crimes en Irak, accusant le Pentagone et la Maison-Blanche. C'est Julian Assange, qui dévoile l'espionnage des grandes oreilles de l'Oncle Sam...

C'est Tyrone Hayes, biologiste de Berkeley, à qui la firme Syngenta commande un rapport sur l'atrazine. Que découvre le chercheur ? Qu'exposées à ce produit, les grenouilles mâles se mettent à produire des œufs, qu'elles n'ont plus de spermatozoïdes, qu'elles souffrent d'un défaut de descente des testicules, d'un non-développement du pénis. Comment, ce Big Lab ? L'entreprise refuse de publier cette recherche, en manipule les données, puis tente de corrompre le scientifique, enquête sur sa femme, achète son nom sur Internet, dépense des millions pour le calomnier, le fait mettre au chômage...

Eux sont des passeurs de lumières, c'est le feu du savoir qu'ils apportent aux hommes, pour les éclairer. Mais ils sont brûlés en retour, leur vie tourne à la tragédie : les Zeus du Pouvoir et de l'Argent s'acharnent contre eux, les voilà accusés, gardés à vue, persécutés, condamnés, emprisonnés... Comment ne pas voir en Manning et son « isolement carcéral maximum », oubliée sept années durant dans sa prison de Quantico (Virginie), dans des « conditions cruelles, inhumaines, dégradantes » d'après le rapporteur de l'ONU, comment ne pas voir en elle Prométhée, envoyée dans le Caucase, au bout du monde, à sa marge, exclue ? Et Assange dans son ambassade équatorienne, avec sa barbe blanchie, ses traits tirés, vieilli prématurément, n'est-ce pas Prométhée attaché à son rocher ? Et mon ami Denis Robert, englué dans Clearstream, procès après procès, recevant chaque assignation par huissier comme les coups de bec dans l'estomac du titan ?

Qu'on écoute leur histoire, alors, qu'on se la raconte, qu'on se la passe, qu'on donne un sens à ces existences sacrifiées, voilà qui peut participer du soulagement...

Mais au-delà, que pouvons-nous ? Que devons-nous ?

Faire vivre le Prométhée en nous, le renforcer dans la société, et que chaque jour nous disions « non » à ces nouveaux seigneurs, ces seigneurs des molécules, seigneurs de l'ordinateur, seigneurs du sol et du sous-sol, seigneurs du ciel et des logiciels, qu'ils ne planent pas comme des rois au-dessus des lois, qu'ils n'échappent ni à l'impôt, ni à la justice, ni à la morale... Contre ces oligarchies, la démocratie n'est pas donnée, jamais gravée dans le marbre d'une Constitution : c'est un combat, sans cesse renouvelé, sans une journée de paix, et depuis l'Antiquité...

35.

Car justement.

Après Hésiode, après Eschyle, j'ai découvert ce passage de Platon, dans son *Protagoras* :

« Prométhée voit que les autres animaux sont dotés convenablement de tout ce qu'il leur faut. Mais que l'homme est nu, sans chaussures, sans couvertures et sans armes. Voilà Prométhée dans l'embarras : comment sauver l'homme ? Il dérobe le savoir technique d'Héphaïstos et d'Athénée en même temps que le feu, et les offre à l'homme. [...]

Certes, la technique de l'artisan leur était un secours suffisant pour la nourriture, mais elle était inefficace dans la guerre contre les bêtes sauvages ; car les hommes ne disposaient pas encore de l'art politique, dont l'art de la guerre fait partie. Ils cherchaient certes à se rassembler et à se sauver en fondant des cités ; mais lorsqu'ils étaient rassemblés, ils se faisaient mutuellement tort, puisqu'ils ne possédaient pas l'art politique. Alors, ils se dispersaient à nouveau, et périssaient.

Zeus se mit à craindre pour notre espèce : et si elle disparaissait totalement ? Il envoya Hermès amener chez les hommes le respect et la justice, afin que dans les cités un ordre règne, des liens les unissent, créent de l'amitié. Hermès interrogea Zeus : comment doit-il donner la justice et le respect ? "Dois-je les répartir comme les compétences sont réparties ? Car les compétences sont réparties comme suit : un seul homme qui possède l'art du médecin suffit au grand nombre, et il en va de même pour les autres métiers. Et donc, la justice et le respect, je dois les répartir de cette façon parmi les hommes, ou dois-je les distribuer à tous ? – À tous, répondit Zeus, que tous en aient leur part. Car les cités ne survivraient pas, si un petit nombre d'entre eux seulement participent à la justice et au respect comme c'est le cas pour les autres arts. Établis cette loi en mon nom : que l'on tue, comme un fléau pour la cité, celui qui n'est pas capable de participer au respect et à la justice." »

Que dit ce texte ?

Que la technique ne suffit pas à l'homme. Qu'il lui faut l'« art politique », en plus, et que « tous » – tous ! – doivent participer à la vie de la cité.

« *Protagoras* est un dialogue de jeunesse, a tempéré une prof de philo, Platon n'était pas un farouche démocrate… » Et Pierre Vesperini, mon ami historien de l'Antiquité, m'a confirmé : « Dans ses dialogues, Platon faisait parler ses adversaires, et même avec conviction... Il n'est pas sûr qu'il partage les vues du sophiste Protagoras. »

Qu'importe. Avec cet ajout au mythe, Protagoras indique une voie de progrès : la démocratie. Et même, la démocratie dans la technologie.

36.

La voiture, le grand plan autoroute, le tout-camion... La télévision, l'ordinateur personnel... La chimie, la mécanique dans l'agriculture... Les centrales nucléaires... Comment le nier ? Les techniques modèlent nos sociétés, des transports à la culture, de l'alimentation à nos paysages, toute notre vie, tous nos modes de vie, en sont bouleversés.

Et pourtant, quand sont-elles débattues collectivement ? Quand font-elles l'objet de discussions publiques, polémiques, conflictuelles si besoin ? Quand passent-elles au filtre de la démocratie ? Jamais. Comme si elles se tenaient hors du politique, apolitiques, comme si elles n'étaient pas un choix, comme si elles allaient de soi.

Ces orientations, essentielles, et peut-être justement parce qu'elles sont essentielles, ne font l'objet d'aucun scrutin, d'aucun référendum, d'aucune élection, elles demeurent dans l'ombre. Ces technologies s'imposent par une technostructure,

Bercy et les lobbys, les rouages bureaucratiques de l'État et les puissances financières.

C'est le terrain préféré de la « micro-politique », comme la dénomme son « inventeur », le néolibéral britannique Madsen Pirie : « Son principal moyen ? Ni la persuasion par le discours ni la contrainte par la force, mais une ingénierie sociale qui reconfigure les situations de choix par des mécanismes d'incitations économiques. Sa ruse ? Faire en sorte que des micro-choix individuels travaillent involontairement à faire advenir au détail un ordre social que la plupart des gens n'auraient sans doute pas choisi s'il leur avait été présenté en gros. »

Ces micro-politiques et ces grandes orientations, nous devons les ramener dans la lumière, dans la démocratie.

« À quoi bon ? nous dira-t-on. On n'arrête pas le progrès. »

D'abord, ce n'est pas vrai : on l'arrête parfois.

Le clonage humain, on sait faire, et sans difficulté, depuis au moins une dizaine d'années. Mais on choisit, on choisit – c'est le mot clé – de ne pas faire. On interdit, même : « Nul ne peut porter atteinte à l'intégrité de l'espèce humaine, énonce le Code civil, article 16-4. Est interdite toute intervention ayant pour but de faire naître un enfant génétiquement identique à une autre personne vivante ou décédée. » Et l'on punit, de peines allant de trente ans à la réclusion criminelle à perpétuité.

Idem avec la « gestation pour autrui », prohibée en France.

Idem, encore, avec les « organismes génétiquement modifiés » : après les manifestations de Via Campesina, de la Confédération paysanne, de Greenpeace, après les campagnes des Faucheurs volontaires, la culture d'OGM n'est pas permise en France.

Idem, enfin, avec le gaz de schiste : en 2010, 64 permis d'explorer étaient accordés... annulés dès l'année suivante sous la pression des habitants. Dans la foulée, les députés votaient un « moratoire » et faisaient de la France le premier pays à interdire la « fracturation hydraulique ».

Aussi, le progrès peut être ralenti, plutôt qu'accéléré. Et ce n'est pas rien : c'est laisser aux gens, aux sociétés, le temps de s'adapter, de s'acclimater, de se préparer. Karl Polanyi soulignait déjà que freiner la Grande Transformation, à défaut de l'arrêter, avait bien des vertus :

« Qu'il faille ralentir, si possible, un processus de changement non dirigé dont on estime l'allure trop rapide, de manière à sauvegarder le bien-être de la collectivité, voilà qui ne devrait nécessiter aucune explication détaillée. Ce genre de vérités courantes en politique sociale héritée des anciens furent effacées au XIXe siècle de la pensée des gens instruits par l'effet corrosif d'un utilitarisme grossier, allié à une confiance sans discernement dans les prétendues vertus d'autocicatrisation de la croissance aveugle. »

Et il s'adressait, on dirait, aux militants : réussir à retarder un phénomène, c'est parfois une demi-victoire, c'est laisser le temps à la société de s'organiser :

« Pourquoi la victoire finale d'un processus prouverait-elle l'inefficacité des efforts destinés à en ralentir la progression ? Et pourquoi ne pas voir que c'est précisément dans ce qu'elles ont obtenu, c'est-à-dire ralentir le rythme du changement, que ces mesures ont atteint leur but ? Dans cette perspective, ce qui est inefficace pour arrêter une évolution n'est pas complètement inefficace. Souvent, le rythme du changement n'a pas moins d'importance que sa direction ; mais s'il est fréquent que celle-ci ne relève pas de notre volonté, il se peut fort bien que dépende de nous le rythme auquel nous permettons que le changement survienne. »

Et de pointer la fonction du gouvernement, de l'État, là-dedans : « Ce rôle consiste souvent à modifier le rythme du changement, en l'accélérant ou en le ralentissant selon les cas. Si nous croyons ce rythme inaltérable – ou, pis, si nous estimons sacrilège d'y toucher –, alors il ne reste naturellement pas de place pour l'intervention. » Dans notre cas, on le sait, la start-up Nation a choisi l'« accélération », quitte à mettre en danger « le bien-être de la société ».

Surtout, le progrès peut être trié : quels usages acceptons-nous ? Lesquels refusons-nous ?

Ainsi, Uber est déclaré illégal à Bruxelles. Airbnb est interdit à Berlin, où les loyers seront bloqués pour cinq années consécutives, puisque la plateforme a contribué à les faire flamber. La reconnaissance faciale par la police est refusée à San Francisco.

Sur la 5G, notre cas d'école, une décision démocratique, une consultation populaire forceraient ses promoteurs à élucider cette question, basique : à quoi ça va servir ? Qu'est-ce que ça va changer pour l'auto, pour le boulot, pour le bureau ? Quels apports pour la médecine ? En quoi consistent des opérations à distance ? Pourquoi ne seraient-elles pas réalisables avec la fibre ? Ou s'agit-il, avant tout, de télécharger des films en 4K ? De remplacer les conférences téléphoniques par des visios ? etc.

De tels échanges, l'obligation de convaincre, replaceraient les fins avant les moyens : quelles finalités poursuivons-nous ? Quelle société voulons-nous ? Quelle humanité laisserons-nous ? Il faut des candides, des innocents pour que ces implicites soient énoncés. Pour que les idéologues du Progrès en prouvent les avantages, plutôt que de les tenir pour acquis.

Ce choix collectif, la Convention citoyenne pour le climat l'a ébauché, et je l'admets volontiers : seulement ébauché. « Bâtiments », « énergie », « élevage »... les cent cinquante citoyens ont balayé large, en peu de week-ends, et l'on peut concéder que son avis sur la 5G, un peu lapidaire, un peu expéditif, « sans réelle utilité », pourrait être davantage éclairé. Et pourquoi pas, oui, une « Convention citoyenne spéciale 5G », plus précise, plus pointue ?

Qu'on prenne exemple sur la génétique. Grâce aux lanceurs d'alerte que furent, notamment, Albert Jacquard et Jacques Testart, à la fois grands scientifiques et consciences morales, le Comité consultatif national d'éthique vient tempérer, modérer, ralentir, les innovations, remettre de la conscience dans la science. Dans l'informatique également, de grands chercheurs ont tenté de sonner l'alarme : Norbert Wiener, inventeur de la cybernétique, a prôné dès les années 1950 un « ralentissement de l'automatisation » qui, sinon, « se révélerait catastrophique pour les travailleurs ». John Parsons, inventeur de la commande numérique, consacré « père de la seconde révolution industrielle », a lui aussi appelé à un « moratoire sur le développement technologique, pour laisser du temps à la réflexion et rechercher des approches socialement responsables ». Ces oppositions furent balayées d'un revers de main.

Au vu de la place que prend le « digital » dans nos vies, dans notre pays, voilà qui serait urgent : une Convention citoyenne, mais permanente celle-là, sur le numérique. Qui étudierait les applications avant leur lancement, qui examinerait leurs effets après un an, qui associerait les savants et les habitants.

Et les salariés également…

37.

« Je suis ingénieure test pour les cartes 5G. » Dans une manif des Nokia, à Paris, on croisait Élodie : « Je fais partie du collectif des jeunes embauchés. On se sent trahis d'avoir été embauchés, et qu'on nous dise deux ans plus tard : "Bah, c'est bon, on veut plus de vous." »

F.R. : Tu fais quoi sur la 5G ?

Élodie : Je teste les logiciels.

F.R. : Est-ce que tu comprends ma position, qui est de dire : « Si on introduit une nouvelle technologie, il faut un débat démocratique, des délibérations collectives » ?

ÉLODIE : Oui, parfaitement, parce que j'ai une fibre pour l'écologie aussi. Et du coup, je trouve ça dommage qu'on n'en parle pas au public, parce qu'il y aura des répercussions sur leur vie bien sûr.

F.R. : Toi, tu es salariée là-dedans, et en même temps tu t'interroges sur comment on va l'utiliser ?

ÉLODIE : Exactement. On pouvait, on peut encore, améliorer très fortement la 4G. Alors, pour la 5G, il aurait fallu questionner tout le monde, et pas seulement dire oui aux clients qui la réclament.

Jérôme, un collègue à elle, chez Nokia également : « On a débattu sur les OGM, on a décidé qu'on ne les aurait pas en France, on les a un peu avec la nourriture pour les animaux, mais il se trouve qu'on a pris une décision et on ne s'en porte pas plus mal. »

ÉLODIE : Nous, les ingénieurs qui travaillons sur la 5G, on pourrait y réfléchir. Comment consommer moins d'énergie ? Quelles applications autoriser ? Faut-il l'orienter pour le militaire, le médical ?

Dans cette démocratie technologique, les travailleurs doivent être au cœur. Parce qu'ils sont les premiers concernés, et souvent les premiers touchés : quand le Capital innove, quel est le terrain privilégié pour son nouveau joujou ? Quel est son impératif, la pensée qui lui vient d'emblée ?

Augmenter les rendements, les cadences, la productivité. Diminuer la masse salariale, gratter sur les salaires, en accélérant, en automatisant, en délocalisant.

À quoi ont servi, avant tout, les *new techs* ? À introduire un *néo-stakhanovisme*. Dans les entrepôts d'Amazon ou de Lidl, dans les cabines des chauffeurs routiers ou aux caisses des supermarchés, l'« intelligence artificielle » mène la chasse aux temps morts, ajoute des exigences, déploie de la surveillance.

Arthur raconte son initiation à la commande vocale : « J'ai failli me barrer, tout de suite ! Je trouvais ça trop glauque. Franchement ça fout les jetons. La voix et tout, qui te fait des "Répétez, ce mot n'est pas compris". Surtout au début, quand tu gères mal le truc, ça le fait tout le temps, tu deviens fou... »

Sur les plateaux des centres d'appels, les algorithmes vérifient si les règles sont bien suivies, traquent les sentiments du téléconseiller, dans sa diction, dans ses intonations, donnent une note à chaque prestation. Qu'un problème soit détecté, il est aussitôt signalé au superviseur.

Les machines conduisent alors à plus de stress, moins d'autonomie, à une suractivité et un sentiment d'insignifiance... « bien loin, comme ironise Cédric Durand, bien loin du rêve de convivialité californien ».

38.

« Biiip biiip. »

Une demi-douzaine de vélos stationnent devant le McDo, place de la Victoire à Bordeaux. Que des Blacks, avec de grands sacs sur le dos, Uber, Deliveroo. Accrochés aux guidons, leurs téléphones portables qui biiipbiiipent. « 2,90 € », je vois s'afficher, au bas d'un écran. « 1,3 km », avec le trajet indiqué.

Masque relevé jusqu'au casque, Jérémy me guide : « Y a vachement de sans-papiers, maintenant. Avec chacun leur coin, ici les Africains, plus loin les Afghans… » Biiipbiiip. « Ah non, ça c'est une course de merde, pour les tacos ils sont affreusement lents… » Biiipbiiip. « Ah, NobiNobi, c'est pas trop loin et ils sont assez cools…

– C'est payé combien ?

– 3,88 euros. Avant, le tarif minimum, c'était 4,60 euros la course. L'an dernier, c'est passé à 2,60 euros d'un coup, comme ça, sans discuter.

– Tu as perdu beaucoup ?

– Non, j'ai pédalé plus ! J'ai calculé, pour combler la perte, je fais six cents kilomètres de plus par mois. » Jérémy pousse son vélo dans la rue piétonne, on l'accompagne.

« Comment t'as commencé ?

– Je m'étais fait spammer par une belle pub sur Internet qui promettait 15 euros de l'heure, soyez votre propre patron…

– C'était du brut ou du net ?

– C'était pas indiqué. C'est seulement après que j'ai découvert la subtilité du net et du brut. Moi, j'avais fait du salariat, dans la restauration, je voulais tester un truc nouveau… »

Arrivé devant chez NobiNobi, il y a un écran divisé en deux : « En préparation / à emporter », avec des numéros de chaque côté. « Tu vois, la commande pour Razzane, elle est en quatrième… Faut patienter un peu, et l'attente, c'est pas payé.

– Tu gagnes combien, finalement ?

– En moyenne, avec 50 heures par semaine, je fais 1 500 brut. On enlève les 22 % des plateformes, ça fait déjà 1 200 euros. Plus la mutuelle et la prévoyance, on est à 1 000 euros net. »

Reste à payer, là-dessus, quelque 24 % de cotisations, en tant qu'auto-entrepreneur.

« J'ai éclaté mon téléphone la semaine dernière : 300 euros en moins de ma poche. Du coup, les trois quarts des livreurs ne prennent pas de prévoyance. Moi, j'ai testé, mais j'ai chopé une pneumopathie en 2018, pendant un mois et demi je l'ai senti passer… Ah, ça y est, ils ont fait vite. »

« Razzane » est passé dans la colonne « À emporter », et Jérémy ouvre grand son sac pour embarquer le colis. On rebrousse chemin.

« Là, le client, sur son portable, il peut voir où en est sa commande, où je me trouve... Comme on marche, il va trouver ça trop lent, trop bizarre... Une fois, il m'est arrivé un accident, et le client au téléphone a osé me dire : "Moi je m'en fous ! Je veux ma commande !" J'étais tombé, j'avais failli me manger un tram, et il voulait que je le livre ! Je comprends qu'il y en a qui aient faim, m'enfin... »

On croise Clément, un copain de Jérémy : « Les six derniers mois, j'ai vécu un calvaire, un calvaire psychologique. Faut comprendre que la plate-forme peut nous déconnecter à n'importe quel moment. Sans nous dire un mot, rien...

– C'est la mort professionnelle, la déconnexion ?

– Ben oui. On n'a pas de contrat, on n'a rien. Donc il suffit que tu sois en dessous, niveau statistiques, ou tu prends un week-end, tu baisses. On est emprisonnés. Moi, je vivais dans la peur... »

Place de la Victoire, où on repasse, un camion des Restos du cœur s'est installé. « Regarde, me fait remarquer Jérémy, dans la queue pour se faire servir, y a un, deux, trois livreurs Uber... »

Est-ce le progrès que nous souhaitons, ces Uber, Deliveroo et autres Door Dash ? Ces plate-formes qui allient innovation juridique, l'auto-entreprenariat, et innovation numérique, un portable comme patron ?

Le président de la République a heureusement tranché, seul : « Je ne vais pas interdire Uber et les VTC, ce serait renvoyer les jeunes vendre de la drogue à Stains ! » « Uber ou dealer », une chouette alternative. Et durant les confinements, lui se faisait VRP, prônait « les commandes à distance, la vente à emporter ou la livraison à domicile ».

39.

« Le véritable enjeu, c'est finalement de déterminer ce que nous autres travailleurs acceptons comme un "progrès". » C'est un tract tiré par les dockers de San Francisco, en 1971, pendant leur grève. « Comme bien d'autres travailleurs, nous sommes confrontés à une révolution technologique qui produit des systèmes et des modes d'organisation "économes en main-d'œuvre". Voilà ce que notre employeur appelle "progrès". Mais si ce "progrès" n'est pas contrebalancé, le résultat sera que notre patron fera la queue à la banque pour toucher des profits encore plus mirobolants, tandis que nous ferons la queue aux guichets des agences pour l'emploi et des services sociaux. »

Durant ce mouvement, les mêmes proclamèrent que « le progrès technologique est un processus politique et non un processus automatique, inévitable et naturel ».

Dix années plus tard, en 1981, aux États-Unis toujours, les machinistes et travailleurs de l'aérospatiale rédigeaient une « Déclaration des droits sur les technologies » :

« 1. Les nouvelles technologies doivent être utilisées de façon à créer des emplois et à promouvoir le plein-emploi, à l'échelle locale et nationale.

2. Les économies de coût salarial unitaire et les gains de productivité résultant de l'emploi d'une technologie nouvelle doivent être partagés avec les travailleurs au niveau de l'entreprise locale et ne sauraient augmenter de façon excessive ou exclusive les bénéfices du capital, de la direction et des actionnaires. La réduction du temps de travail et l'augmentation du temps libre résultant de la technologie ne doivent causer aucune baisse de revenu réel ou de niveau de vie pour les travailleurs impactés localement.

3. Les collectivités locales, les États et la nation ont le droit d'exiger des employeurs le versement d'une taxe compensatoire sur toutes les machines, appareillages, robots et systèmes de production qui remplacent les travailleurs et créent du chômage, réduisant par là les revenus locaux, nationaux et fédéraux.

4. Les nouvelles technologies doivent améliorer les conditions de travail, augmenter et multiplier les opportunités des travailleurs en matière de

connaissances, de savoir-faire et de compensations. Les salariés ayant perdu leur poste ont droit à une formation, à une reconversion et à une affectation à un nouveau poste ou à un autre emploi... »

Voilà, en gros, les articles qu'on devrait inscrire dans le Code du travail, pourquoi pas même dans la Constitution.

Qu'on amorce ce progrès, qu'on fasse entrer la démocratie dans l'entreprise, dans la technologie, qu'on essaie seulement, et l'on verra alors le ciel se déchaîner, cent Zeus lancer leurs éclairs, toutes les puissances de la Terre se dresser...

C'est une tâche bien plus titanesque, bien plus colossale, que d'installer partout des antennes 5G.

C'est une œuvre bien plus digne de nous, fils et filles de Prométhée...

Épilogue

40.

Alors, pourquoi les « amish » ?

Pourquoi, chez le président, ce manichéisme : les partisans de « la lampe à huile » contre le « pays des Lumières » ? Pourquoi cette brutalité rhétorique, ce passage en force : « on va continuer à équiper, à innover » ?

On le comprend à la lueur de Prométhée.

La Technologie, c'est le privilège des dieux, le domaine réservé de Jupiter. Que les Français, les cent cinquante de la Convention climat, prétendent « instaurer un moratoire sur la mise en place de la 5G », réclament qu'on « attende les résultats de l'évaluation sur la santé et le climat », la déclarent « sans réelle utilité », qu'est-ce donc ? Un sacrilège. Et à mon avis, votant cette résolution, l'approuvant à 98 %, ces citoyens le savaient : ils avaient conscience de commettre un sacrilège, de s'immiscer dans un lieu interdit, de profaner un objet sacré...

Comme gardien du temple, Emmanuel Macron devait s'interposer : la démocratie ne passera pas ici. Ni ailleurs, d'ailleurs.

C'est cela, avant tout, peut-être, que le président visait dans le « modèle amish ».

Car ces chrétiens sont connus pour leur homogamie, certes, pour leur autarcie, leur conservatisme. Mais, chez eux, les innovations sont passées au crible, sous la houlette du « Conseil presbytéral » : l'électricité est-elle compatible avec notre foi ? Et le tracteur, et la voiture mettent-ils en péril notre communauté ? Tout n'est pas refusé, les vaccins sont acceptés, sous condition, les transplantations d'organes également, mais un tri s'effectue, une sélection.

Voilà qui pourrait bien, en effet, servir de « modèle », avec, évidemment, la foi, la Bible, le Conseil presbytéral et tout le folklore en moins. Mais un tri laïc, une sélection démocratique des technologies, un examen sanitaire, environnemental, sociologique, métaphysique : lesquelles répondent à nos aspirations, à nos souhaits pour l'avenir ? Lesquelles apportent un mieux-être, matériel, social, pour nous, pour la planète ? Lesquelles sont de précieux outils, des atouts, face au défi climatique ? Lesquelles relèvent de coûteux gadgets ? Lesquelles vont nuire à notre humanité, ou à notre survie ?

Nous sommes prêts, nous, à cette discussion, rationnelle.

Nous l'attendons.

Nous l'espérons, avec une colonne « avantages », une colonne « inconvénients ».

Nous sommes, nous, les héritiers des Lumières. Face à une force obscure qui réclame notre foi, notre confiance dans la Technique, dans le Numérique, sans débat.

41.

Sur la 5G – puisque tel est notre cas d'école –, que répond le pouvoir ? Rien.

C'est le silence.

Elle se fera parce qu'elle doit se faire.

Parce que c'est la concurrence.

Parce que c'est la course.

Parce que c'est l'innovation.

Elle se fera parce que.

À quoi va-t-elle servir ?

La chose est lancée, et on l'ignore toujours.

« La 5G va révolutionner notre façon de vivre le sport », nous promet Orange. Mais que découvre-t-on, comme « révolution », dans la publicité ?

Que l'on pourra regarder la finale du 100 mètres dans le métro, sur une tablette. On a vu de plus impressionnants changements.

Chez Bouygues, en « illimité », en « instantané », « sans téléchargement », on pourra jouer à « Pleio. Le service de Cloud Gaming ». SFR nous donne le « Top départ de la 5G », avec Sébastien Loeb à la manette, et sans surprise, c'est la vitesse qui nous est vantée : « Jusqu'à dix fois plus rapide que la 4G... Ultra-réactivité... » Enfin, Free et son PDG ne manquent pas d'humour, détournant les critiques : « La 5G provoque des insomnies ?

– Ça a été démontré, approuve Xavier Niel *himself*.

– La 5G a été créée à Tchernobyl ?

– C'est fort probable. » C'est drôle, vraiment, mais une seule information est livrée à l'arrivée : « Chez Free, la 5G, c'est inclus pour le même prix ! »

C'est tout.

Admettons, ça ira plus vite, admettons.

Admettons, ça ne coûtera pas plus cher, admettons.

Mais quelles en seront les finalités ?

En quoi va consister, pour nous, le progrès ?

Quelle réponse au Haut Conseil pour le climat qui prévoit, avec cette 5G, des mégatonnes de CO_2 en plus ?

Quelle réponse à cette inquiétude, plus sourde, qui sourd en nous, qu'à force d'applications et de connexions on s'aime moins les uns les autres, qu'on s'éloigne de l'humain, qu'à force d'écrans partout, de digital, notre univers devienne plus minéral, et notre cœur de pierre ? L'humanité augmentée augmente-t-elle notre humanité ?

Quelle réponse à cet absurde qu'on pressent, à ce sens perdu, c'est donc ça, pour vous, le progrès ? de diminuer d'une fraction de seconde les « temps de latence » ? Progrès minable, progrès insignifiant, quand tout, tout, tout reste à faire, pour les hommes, pour les femmes, pour les animaux, pour une planète vivable ?

Quelle réponse sur la fin, sur le but poursuivi, à quoi nous mène cette « course », ce « retard » à ne pas prendre, cette « accélération » à toujours accélérer ? Est-ce le bonheur au bout qui est recherché, le bien commun ? Ou au contraire, est-ce une course folle, à la folie, qui nous conduit au néant, à notre anéantissement ?

Quelles réponses ?

On songe alors que l'énervement du président, son agacement, son recours à l'autorité, témoignent d'un vide.

D'un gouffre.

Un gouffre entre nos aspirations et les siennes.

42.

Qu'on consulte le peuple sur la 5G, et c'est la boîte de Pandore qui est ouverte !

On ne va plus s'en sortir !

C'est le début du cauchemar : les Français, amenés à trancher, non pas comme clients-tyrans mais comme citoyens libres.

Voulons-nous des « *dark kitchens* », ces cuisines-hangars qui naissent en périphérie des villes, à Paris, à Lille ? Ces restaurants sans restaurant, et qui pourraient bien les remplacer, comme Amazon l'a fait pour les libraires ? Voulons-nous, justement, dix entrepôts d'Amazon en plus ? Est-il là, le progrès ?

Voulons-nous des plannings gérés par un algorithme, comme c'est le cas, déjà, aux États-Unis, pour seize millions de salariés dans la grande distribution, magasiniers, chefs de rayon, dont l'agenda est ajusté en temps réel, selon la météo, l'affluence en magasin ? Avec des employés appelés en dernière minute, des semaines à trous, d'autres remplies, des vies de famille impossibles, et des niveaux d'anxiété, de stress, de dépression chez leurs enfants ? Est-il là, le progrès ?

Voulons-nous la reconnaissance faciale à l'entrée des lycées, pour « fluidifier », « sécuriser » ?

Voulons-nous des magasins sans humain ?

Voulons-nous les caisses automatiques ?
Voulons-nous la commande vocale ?
Voulons-nous le véhicule autonome ?

Mais le verbe « vouloir » n'existe pas, le « nous » pas davantage.

Il suffit de laisser-faire : laisser-faire le marché, laisser-faire l'économie, laisser-faire la technologie, et appeler cette injonction une fatalité : « On n'arrête pas le progrès. » Moins le politique intervient, contient, régule, ou pire interdit, mieux le business se porte... et il se porte très bien : l'indice Nasdaq a gagné 43 % en 2020, Google 32 %, Facebook 36 %, Amazon 79 %, Apple 82 %, Zoom 515 %, Airbnb 113 %, Door Dash 86 %, Deliveroo 76 %. La « crise » du Covid, c'est une chance, évidente, pour eux, de transformer le monde, de l'envahir, de le conquérir... et avec, en France, la « bienveillance » de l'État et de son chef, avec la complicité de ses ministres : « La crise offre l'opportunité d'une transformation plus volontaire encore. »

Les « *dark kitchens* », nous les aurons, et sans discussion.

Et la « reconnaissance faciale », et les « magasins sans humain », et les « caisses automatiques », et la « commande vocale », et le « véhicule autonome », et les « algorithmes » pour gérer à peu près tout, les plannings dans les boîtes, les places à l'Université, les allocations des chômeurs, les attributions de logements, tout, nous aurons tout.

43.

« *I want France to be a start-up Nation. A Nation that thinks and moves like a start-up.* » Voilà l'idéal que nous fixait Emmanuel Macron, président de la République française, par tweet et en anglais le 15 juin 2017. Notre trop vieux pays, de Louis XIV, de Napoléon, de De Gaulle, devait, sans doute, se muer en Uber géant, avec soixante millions d'auto-entrepreneurs, flexibles, mobiles, adaptables, fluides, se rêvant en Mark Zuckerberg...

C'est la chose qui m'effraie le plus, chez lui : il veut des hommes et des femmes qui « fonctionnent », sans perdre de temps, qui est de l'argent.

Alors que l'Humanité, c'est quoi ? C'est de la tendresse, de la colère, de l'espoir, de la perte de temps et du dysfonctionnement. C'est la beauté du grain de sable.

Alors que la Démocratie, c'est quoi ? C'est du bordel aussi, des colères, des espoirs, de la perte de temps et du dysfonctionnement.

Ces nuisances, ces aspérités, les *new techs* vont les lisser, les éloigner avec de la « gouvernance » à distance, nous diriger toujours plus comme des statistiques.

Le coronavirus est un moment, pas seulement d'accélération, mais de bascule.

Bascule des technologies, bien sûr, on l'a dit.

Bascule du temps, également. Depuis un an maintenant, nous sommes dans « l'état d'urgence permanent », sans le moindre horizon, sans projet possible, sans stratégie, en une accélération qui revient au surplace, menés de confinement en déconfinement, en re-confinement, re-déconfinement, re-re-confinement… Et nous sommes tous, artistes, libraires, restaurateurs, enseignants, suspendus aux lèvres du souverain : que nous sera-t-il permis demain ? Que nous sera-t-il interdit ?

Car c'est une bascule du pouvoir, surtout. Le président ouvre les commerces, les ferme, les rouvre à son gré, il trie entre les « activités essentielles » et les autres, impose un mètre de distance et pas plus de six à table, prive les étudiants d'amphi, leur accorde finalement un jour par semaine, selon son bon vouloir, opte pour le couvre-feu à 20 heures, le ravance à 18 heures, du jamais-vu dans notre histoire, même durant l'Occupation, même durant la guerre d'Algérie, tout cela, et bien plus encore, le chef de l'État le tranche seul, ou presque, avec un Comité de défense secret, sans même passer par le Parlement. Nous consentons, docilement, et malgré cela le prince se plaint encore d'« une crise d'autorité » ! d'un « nivellement complet » ! d'un « écrasement des hiérarchies » ! d'une « société qui s'horizontalise » ! Voire d'une France qui compterait « soixante-six millions de procureurs » ! Que lui faut-il, en plus de l'obéissance ? Le silence ? Que les citoyens se permettent d'avoir un avis sur leur vie, sur le pays, Jupiter ne saurait le tolérer ?

L'occasion fait le larron : cette expression résume bien le présent, leur comportement. Ils étaient prêts pour le tout-numérique. Ils étaient prêts pour le vol de démocratie. Ils en parlaient, à mots couverts. Et voici que soudain, à la faveur de la crise, au nom de l'urgence, du sanitaire, de la concurrence, leur rêve s'exauce.

44.

À moins que les Gilets jaunes, encore.

Qu'ont-ils fait, le samedi 17 novembre 2018, sur leurs ronds-points ?

Ils ont fait corps, ont rassemblé leurs corps, souvent marqués, fatigués, usés. Alors que, pour le pouvoir, « dématérialisation » oblige, et « digitalisation », et « individualisation », ces corps doivent disparaître de l'espace public, de la politique. Une politique qui, dans notre camp, s'est toujours menée avec les corps, les corps sur les barricades, les corps dans les manifestations, les corps dans les meetings, les corps qui donnent corps au « nous », qui donnent confiance et conscience dans notre force, éclatée, sinon, au quotidien, atomisée.

Durant cet hiver jaune, ils ont ralenti les flux, les flux de camions, les flux de marchandises. Alors que, bien sûr, le pouvoir réclame de les accélérer, ces flux, flux de capitaux, flux d'informations, que ça circule, y a rien à voir.

Pire encore, ils ont voulu se mêler de ce qui, en théorie, les regarde : « Faire l'amour une fois tous les cinq ans, ce n'est pas une vie sexuelle. Voter une fois tous les cinq ans, ce n'est pas une vie démocratique », ai-je lu sur une chasuble. Et de revendiquer le RIC, le « référendum d'initiative citoyenne », pour que tous, toutes, suivant Protagoras, participent à la vie de la Cité. Alors que le pouvoir, c'est criant, veut une démocratie sans « démos », une formalité électorale à accomplir, une compétition à la rigueur entre gens bien-pensants et bien nés.

Mais leur acte le plus dissident, à mon sens, les Gilets jaunes l'ont accompli sans le savoir, sans le vouloir, avec toute la puissance de l'inconscience :

ils se sont arrêtés. Et c'est toute la société qu'ils ont interrogée, qui s'est avec eux interrogée : que fait-on, à tourner en rond ? Où va-t-on ? Où veut-on aller ? C'étaient des questions tellement gigantesques, évidemment, qu'elles sont demeurées muettes, ou bafouillées, avortées, mais bien présentes, pourtant, dans toutes les têtes, dans toutes nos têtes.

Il s'agissait aussi, il s'agissait surtout, d'une révolte métaphysique. Et ces semaines ont révélé un gouffre, réveillé un désir, téléologique, eschatologique : quelle est la fin ? Le chemin que nous empruntons, de croissance, de concurrence, est-il celui du bonheur, du bien commun ?

C'est le pire danger, pour le pouvoir, ces points d'interrogation.

C'est la remise en cause générale.

Et l'on comprend que, malgré les deux années écoulées, malgré les deux ans passés, à l'Élysée, Jupiter ne décolère pas contre « Jojo le Gilet jaune » : plus jamais ça !

C'est un combat qui est engagé.

Entre leur monde et le nôtre.

Leur avenir et le nôtre.

Leur progrès et le nôtre.

45.

Ma fille Ambre vient de me montrer sa petite bédé, sur une page, réalisée au centre le soir, après l'école.

Ça s'appelle : « L'anniversaire (manqué) ».

Sur la première case, une gamine, aux cheveux bouclés, distribue des invitations à ses camarades. Elle rentre à la maison, et son papa lui annonce : « Ton anniversaire n'aura pas lieu. Ici on est confinés. » La petite pleure, snif. Mais sa maman la console : « J'ai une idée, on va fêter ton anniversaire en visio. » Le visage de l'enfant s'éclaire, elle attrape sa souris devant l'ordinateur, et retrouve ses copains sur l'écran.

« FIN. »

Remerciements

Un ouvrage ne peut exister sans, derrière l'auteur, le travail de toute une équipe.
Voici donc les petites mains de l'ombre :

Les passionnés de la 5G, et de la contre-info : Antoine Martin, Maïmounia Bocoum, Nicolas Bérard, Renaud Alexandre, Alex Lpd, Mily Renaudeau.

Les ficheurs et retranscripteurs fous :

Mes collabs fakiro-parlementaires :
Joseph d'Halluin qui, en plus de sa relecture, m'a conseillé l'ouvrage d'Harmut Rosa.

Enfin, ma Tempête, qui à l'orée de l'été a rassemblé un paquet de docs, dont un extrait de Prométhée enchaîné.

J'en profite au passage pour remercier Eschyle.

Et mes parents, qui maintiennent le lien avec mes enfants, qui rendent ma fantaisie ou ma folie possible.

Bibliographie

BENAYOUN, Yaël, et RÉGNAULD, Irénée, *Technologies partout, démocratie nulle part*, FYP éditions, 2020.

BÉRARD, Nicolas, *5G, mon amour*, Le Passager clandestin, 2020.

BIAGGINI, Cédric, et CARNINO, Guillaume (coordonné par), *Les Luddites en France*, L'Échappée, 2010.

BIRNBAUM, Jean, *Un silence religieux*, Seuil, 2016.

CHAMAYOU, Grégoire, *La Société ingouvernable*, L'Échappée, 2018.

DURAND, Cédric, *Technoféodalisme*, La Découverte, 2020.

FILIPPOVA, Diana, *Technopouvoir*, Les Liens qui libèrent, 2019.

FOREST, Philippe, *L'Université en première ligne*, Tracts Gallimard, 2020.

JAPPE, Anselm, *La Société autophage*, La Découverte, 2017.

KEMPF, Hervé, *Que crève le capitalisme*, Seuil, 2020.

KUNDERA, Milan, *L'Insoutenable Légèreté de l'être*, Gallimard, 1987.

NOBLE, David, *Le Progrès sans le peuple*, Agone, 2016.
REY, Olivier, *L'Idolâtrie de la vie*, Tracts Gallimard, 2020.
ROSA, Harmut, *Aliénation et accélération*, La Découverte, 2014.
WILKINSON, Richard, et PICKETT, Kate, *Pourquoi l'égalité est meilleure pour tous*, Les Petits Matins, 2013.

Georges Bernanos, *La France contre les robots*, 1944.
Discours de Jean Jaurès à la chambre des députés, 1897.
Eschyle, *Prométhée enchaîné*.
La France insoumise, *L'Avenir en commun*, 2017.
Hésiode, *La Théogonie*.
Jack London, *Le Talon de fer*, 1908.
Karl Marx, *Le Capital*, 1867.
Ovide, *Les Métamorphoses*.
Platon, *Protagoras*.
Karl Polanyi, *La Grande Transformation*, 1944.
David Ricardo, *Des principes de l'économie politique et de l'impôt*, 1817.
Antoine de Saint-Exupéry, *Un sens à la vie*, 1956, Gallimard, 2011.
John Stuart Mill, *Principes d'économie politique*, 1848.
Simone Weil, « Perspectives. Allons-nous vers la révolution prolétarienne ? », 1933.

Mission parlementaire sur les métiers du lien,
et *Le Petit Robert* !

Table

Du même auteur

100 de football à Besançon : RCFC-BRC
Avec la collaboration de Férédéric Vial
et Jean Roullot,
Empreinte, 2004

Quartier nord
Illustrations de Loïc Faujour
Fayard, 2006

La guerre des classes
Fayard, 2008

Leur grande trouille.
Journal intime de mes pulsions protectionnistes
Les liens qui libèrent, 2011 et Actes Sud, 2013

Faut-il faire sauter Bruxelles ?
Un touriste enquête
Fakir éditions, 2014

Pauvres actionnaires !
Quarante ans de discours économique
du Front national passés au crible
Fakir éditions, 2014

Remporter la bataille des idées
Entretien avec Antionio Gramsci
Fakir éditions, 2015

Contre les gourous de la croissance
Entretien avec Jean Gadrey, économiste
En collaboration avec Jean Gadrey
Fakir éditions, 2015

L'égalité c'est la santé (et l'amour aussi...)
Entretien avec Richard Wilkinson, épidémiologiste
En collaboration avec Richard Wilkinson
Fakir éditions, 2015

Hector est mort. Enquête
Fakir éditions, 2016

De la souplesse ! De la souplesse !
Entretien avec Lénine
En collaboration avec Juliette Denis
Fakir éditions, 2017

Un député à l'hôpital psychiatrique
Fakir éditions, 2017

Les petits soldats du journalisme
Les Arènes, 2003 et Pluriel, 2018

Un député et son collab' chez Big Pharma
En collaboration avec Cyril Pocréaux
Fakir éditions, 2018

Un député à... la ferme
Fakir éditions, 2018

Paix intérieure et paix sociale
Dialogue entre un député et un évêque
sur la spiritualité et la politique.
En collaboration avec Olivier Leborgne
Temps présent, 2018

Ce pays que tu ne connais pas
Les Arènes, 2019

Il est où, le bonheur
Les liens qui libèrent, 2019

Que faire de la police ?
Fakir éditions, 2020

Leur folie, nos vies.
La bataille de l'après
Les liens qui libèrent, 2021

RÉALISATION : NORD COMPO À VILLENEUVE-D'ASCQ
ACHEVÉ D'IMPRIMER SUR ROTO-PAGE
PAR L'IMPRIMERIE FLOCH À MAYENNE
DÉPÔT LÉGAL : AVRIL 2021. N° 147770 (97962)
IMPRIMÉ EN FRANCE